Heinz-Günter Beutler-Lotz

Konfirmandenzeit und Konfirmation

Ein Werkbuch für Leitende

Vandenhoeck & Ruprecht

Umschlagabbildung und zwei Innenabbildungen: Konfifreizeit © Daniel Konnerth
Grafiken: Rebecca Meyer

Bibliografische Information der Deutschen Nationalbibliothek
Die Deutsche Nationalbibliothek verzeichnet diese Publikation in der
Deutschen Nationalbibliografie; detaillierte bibliografische Daten sind
im Internet über http://dnb.d-nb.de abrufbar.

ISBN 978-3-525-63011-2
ISBN 978-3-647-63011-3 (E-Book)

Satz: textformart, Göttingen
Druck und Bindung: ⊕ Hubert & Co, Göttingen

Gedruckt auf alterungsbeständigem Papier.

Inhalt

Konfirmandenzeit

1 Anliegen und Aufgaben

1.1 Entstehung und Prägung

Konfirmandenunterricht gehört im Gemeindedienst zu den regelmäßigen Aufgaben der PfarrerInnen und GemeindepädagInnen, ob nun wöchentlich oder im Blocksystem. Jede Landeskirche hat ihr gesetzliches Regelwerk dazu und eine Fülle von Konzeptionen flutet durch die kirchliche Landschaft. Immer wieder neu sind wir auf der Suche nach geeigneten Mitteln und Wegen. Immer wieder neu sind die Kinder, die sich zur Konfirmandenzeit anmelden.

Vom Taufunterricht zur Abendmahlszulassung

Erwachsene Täuflinge wurden wohl schon in der alten Kirche instruiert (Katechumenenunterricht), damit ihre Taufe nicht nur Gottes Heilszusage, sondern auch ihr Bekenntnis war. Der Taufakt an sich hatte stets Bekenntnischarakter und zu manchen Zeiten sehr existenzielle Folgen – von sozialer Ausgrenzung bis zum Märtyrertod. Die Einführung des Christentums als Staatsreligion und die Einführung der Kindertaufe haben diesen Bekenntnischarakter allerdings bis zum Verschwinden zurückgedrängt.

Als die Väter der Reformation die Konfirmation als neue Amtshandlung schufen, war dies für sie keine sakramentale Handlung, sondern der Abschluss eines Informationsprogramms zur Instruktion der schon Getauften unter Handauflegung, Gebet und Segen. Die Getauften konnten an Sonntagnachmittagen am Katechismusunterricht teilnehmen, wurden unterwiesen und sollten sich die Hauptstücke des christlichen Glaubens aneignen. In Martin Luthers *Formula Missa* von 1523 ist die Prüfung ein jährliches Geschehen, nicht unbedingt ein einmaliges.

Jean Calvins *Institutio* von 1536 macht die Teilnahme am Abendmahl noch nicht von der Konfirmation abhängig. Das geschieht erst in Hessen 1538/39 durch Martin Bucer in der Ziegenhainer Zuchtordnung. Die Kasseler Kirchenordnung von

1539 bezeichnet die Konfirmation als sakramentale Zeremonie. Ein Dreischritt entsteht für den nachgeholten Taufunterricht:

- Unterweisung und abfragende Prüfung

- Fürbitthandlung und Segen mit sakramentalem Charakter

- Abendmahlszulassung und erster Abendmahlsgang

Für die flächendeckende Verbreitung des Konfirmandenunterrichtes und der Konfirmation sorgten dann Pietismus und Aufklärung.

So viele Gemeinden, so viele Konzepte

Der Unterricht der Kirche ist so zu einem festen Bestandteil kirchlichen Handelns geworden und nimmt Teil an alle theologischen Richtungen und gesellschaftlichen Entwicklungen. Bunt ist das Gewand, in dem er erscheint: traditionell, reformorientiert, gesellschafts- und kirchenkritisch. Von seiner Wurzel her bis in die Gegenwart ist er reich an Dynamik. Das stabile Arbeitsfeld befindet sich im ständigen Wandel und trotz aller zentralen Verlautbarungen unserer Landeskirchen scheint es so, als würde jede Gemeinde für den KU ein eigenes Handlungskonzept entwickeln.

Je nach dem, wie ich die Situation der Jugendlichen und der Gesamtgesellschaft betrachte, mein eigenes Rollenverhalten verstehe, das Bild meiner Gemeinde und meinen Glauben reflektiere, fällt mein Konfirmandenunterricht aus. Die Bezugsgrößen sind

- die Personen (Jugendliche, Eltern, Pfarrer)

- die Institutionen (Kirche / Gemeinde, Familie, Schule)

- die Theologie (Gott, Jesus, Geist)

Die Mitgliedschaftsuntersuchungen der letzten Jahrzehnte signalisieren eine positive Erinnerung der Konfirmanden an ihre Konfirmandenzeit. Ob nachfolgende Generationen ihre Konfirmandenzeit ebenso positiv erleben, wie dies die Jahrgänge nach dem Zweiten Weltkrieg bis gegen Ende der 1980er Jahre taten, wird die Geschichte weisen.

KU als „Mannschaftssport"

Mein Konfirmandenunterricht lässt sich mit dem Fußballspiel vergleichen. Meine Rolle als Pfarrer ist dabei sehr variabel. Zum einen bin ich „Vereinsvorsitzender", schaffe einen Rahmen und betrachte nach einigen Vorgaben alles aus der Entfernung. Auf dem Land ist das vermutlich schwieriger als in städtischen Regionen.

Zudem bin natürlich auch „Trainer", will die Spieler fördern und in Schwung bringen, motivieren, bin für die Konfis und ihre Konfirmandenzeit ganz praktisch zuständig, ob ich nun MitstreiterInnen habe oder nicht. Manchmal trainieren andere mit – zum Beispiel KirchenvorsteherInnen oder ältere Jugendliche – oder sie coachen mich – meine Frau oder Freunde – und manchmal finden sich „Masseure", die den Konfis und mir etwas Gutes tun – z. B. eine Suppe kochen oder für Sonderaktionen zur Verfügung stehen.

Im Vorfeld wirke ich auch als „Platzwart", sorge für Räume und Möglichkeiten, denn alles, was wir brauchen, muss besorgt sein – und auch die Heizung sollte funktionieren. Natürlich spiele ich auch mit, immer und nicht nur als Ersatzmann, meist auf dem Feld, spiele ich Gedanken und Aufgaben zu wie Bälle und hoffe, dass sie aufgenommen werden und die Gruppen weiterbringen. Gelegentlich stehe ich im Tor und versuche Eigentore von Einzelnen und der Gruppe zu verhindern. Als Zuschauer applaudiere ich auf dem Rang und gleichzeitig klage ich als Schiedsrichter Spielregeln und Verhalten ein.

Der Konfirmandenunterricht ist ein „Mannschaftssport": Jeder Einzelne wird gebraucht und nur zusammen gibt es ein gutes Ganzes. Jede Mannschaft ist Teil eines Vereins und spielt in einer großen Runde. Die Konfirmanden meiner Gemeinde sind nicht die Einzigen, weder in der Region noch in der Landeskirche.

Oft haben wir Heimspiele in unseren eigenen Räumen, aber wir wandern auch auf andere Plätze. Dort erleben wir dann andere KonfirmandInnen, andere kirchliche Lebensformen und Arbeitsfelder. So kommen wir von „Hartplätzen" zu „Rasenplätzen" – zu neuen Einsichten und Erfahrungen. Die Kirche ist bunt wie der Regenbogen. Vertrautes und Ungewohntes, Altes und Neues, Allgemeines und Spezielles wechseln sich ab.

KU und Religionsunterricht

Der Unterricht in der Volkskirche erreicht erstaunlich viele Jugendliche und lebt mit der Spannung unseres Bildungsbegriffs, nach dem wir Schule und Unterricht, außerschulische Bildungsarbeit und Freizeit trennen, obwohl die pädagogischen Formen längst gleich sind.

In der Schule gibt es gruppenpädagogische Arbeitsformen und in den Konfirmandenstunden auch. Der KU hat seinen Avantgardecharakter aus den vergangenen 60er und 70er Jahren verloren. Im Bewusstsein der Jugendlichen sind Spiele hier wie dort einfach nur Arbeit, fremdbestimmt und nicht befreiend.

Die Schule ist Pflicht, die Konfirmandenzeit ist zwar freiwillig, aber eben nicht frei, für keinen der Akteure. Und so kommt es, dass viele jugendliche Konfis wissen, was sie wollen, aber nicht, was sie sollen. Soziale Umgangsformen und Absprachen, Verantwortlichkeit und Verbindlichkeit widerstreben, so fühlt es sich an, dem individuellen Interesse, müssen also immer neu arrangiert werden. Schöpferisch ist der KU durch seine Inhalte und durch seine Formen. Er ist kein Paradies, sondern oft genug eine Last. Allzu häufig bleibt er im Vorläufigen stecken.

Die Sichtweise wechseln

Die Multifunktionen-Rolle des Pfarrers oder der Pfarrerin beim KU ist fordernd, auch überfordernd und führt leicht zu einer gewissen Unzufriedenheit. Gegen den Druck des exponierten Amtes hilft es mir, wenn ich mit den Jugendlichen, den Eltern und auch den Kirchenvorstehern von meinen Schwierigkeiten und Zweifeln erzählen kann. Im offenen Gespräch finde ich Entlastung und gemeinsam beschreiten wir neue Wege.

Während der katholische Kommunion- und Firmunterricht Ende des letzten Jahrtausends schon über weite Strecken aus den Händen der immer weniger werdenden Priester in die Hände von theologischen und pädagogischen MitarbeiterInnen und engagierten Gemeindemitgliedern übergegangen ist, scheint der evangelische Konfirmandenunterricht – zumindest auf dem Land – noch die Domäne des Pfarrers / der Pfarrerin zu sein. Erst allmählich setzt ein Perspektivwechsel ein:

Die Gemeinde ist Trägerin und Lernort der Konfirmandenzeit. Die Jugendlichen sind nicht mehr Objekt der Beschulung, sondern im Rahmen des lebenslangen Lernens ebenso Partner in einem Prozess wie die Erwachsenen.

Die Konfirmanden lernen mit mir, durch mich und auch an mir oder gegen mich. Gelegentlich lernen sie andere Dinge, als ich ursprünglich beabsichtigt habe, und das kann gut sein. Oder es entwickelt sich ein „himmlischer Lehrplan", der meinen Intentionen zuwider läuft. Meine Wahrnehmungsfähigkeit und die Bereitschaft zur Reflexion sind ebenso gefragt wie meine Präsenz. Bin ich motiviert, gelingt es mir, auch die Konfis mitzureißen. Finde ich ein Thema spannend, springt oft auch ein Funke auf die Jugendlichen über und es entwickelt sich eine Art Feuerwerk. Bin ich nicht gut drauf, muss ich mich nicht wundern, wenn die Gruppe mich zurückspiegelt.

Wenn ich die Konfirmandengruppen aus zwei Gemeinden, die ich für eine Weile mit versorgt habe, mit den Konfirmanden meines Dorfes vergleiche, entdecke ich große Unterschiede in der Motivation, im Sozialverhalten und auch im Wissen. Diese Beobachtung hat mich zuerst verunsichert und mein Verhältnis zu den Jugendlichen meines Dorfes nicht positiv gestaltet. Sie haben im Vergleich einfach schlecht abgeschnitten.

Aber ich habe etwas neu gelernt: das genaue Hinschauen auf jene, die in meine Konfistunden kommen. Der Vergleich kann hilfreich sein bei der Reflexion der eigenen Arbeit. Er lässt Strukturen erkennen.

Alle PfarrerInnen sollten von Zeit zu Zeit Erfahrungen mit Jugendlichen aus anderen Regionen sammeln, das schult den Blick für das Wesentliche, für die Situation und für das Mögliche.

„Es ist wie mit dem Wein: Jeder Jahrgang ist anders!", eröffnete der Bund der Evangelischen Kirchen in der DDR sein Handbuch „Konfirmanden begleiten" (Berlin 1989). „Es soll um sie selbst geben. Sie möchten angenommen werden, so wie sie nun einmal sind. Um ihre Fragen und Interessen, ihre Ängste und Hoffnungen, um ihre Erfahrungen und Träume soll es gehen. … Sie sind auf der Suche nach Orientierung, lassen sich Begleitung gefallen, wehren sich aber gegen Bevormundung."

1.2 Materialien

In den letzten Jahren habe ich Materialien für den KU, die auf den Markt kamen, in die Hand genommen und angeschaut, viele gekauft und in meinem Schrank gestellt. Manches habe ich ausprobiert und benutzt, manches nach einer Weile wieder beiseite gelegt. Was übrig geblieben ist und immer wieder mal als Pool für Materialien oder als Erinnerungshilfe dient, ist überschaubar und sei hier kurz porträtiert. Ich nenne dabei auch ältere Werke, soweit sie allgemein noch im Gebrauch sind.

Ludwig Schmidt, Hören und Lernen (Gütersloh 1984),

stellt ein Arbeits- und Lesebuch zum Kleinen Katechismus Martin Luthers zusammen. 10 Abschnitte entstehen so:

1. Gott, 2. Welt, 3. Schöpfung, 4. Erlösung, 5. Heiligung, 6. Vater Gott, 7. Mitmensch, 8. Taufe, 9. Abendmahl, 10. Beichte.

Dazu gibt es jeweils 10 Lerneinheiten mit: Leitsatz, Katechismustext, Bibeltext, Denkanstoß, Verstehensfragen, Beispiele, Gebete, Lieder, Medien, Hinweise.

Christian Trebling, Wem kann ich glauben? (Hammersbach 1976 bzw. 1997),

gibt sein Konfirmandenkursprogramm nach dem schwedischen Modell von Hakon Ohlssons Förlag u.a heraus. Es ist unterteilt in 29 Lektionen mit Lesestücken und Arbeitsbögen. Themen sind u. a.:

1. Konfirmation, 2. Beten, 3. Kirche, 4. Gesangbuch / Kirchenjahr, 5. Bibel, 6. Glauben, 7. Credo, 8. Schöpfung, 9. Bewahrung, 10. Böses, 11. Gott, 12. Zehn Gebote / Lebensregeln, 13. Familie, 14. Eigentum, 15. Leben mit Herz und Mund, 16. Jesus von Nazareth / Gottes Sohn, 17. Passion, 18. Ostern, 19. Taufe, 20. Abendmahl, 21. Gottes Liebe, 22. Kirche, 23. Tod / Ewigkeit.

Manfred Sorg u. a., Fundamente. Christsein heute (Neukirchen-Vluyn 1983),

behandelt in seinem Arbeits- und Unterrichtsbuch die Kapitel:

1. Gruppe, 2. Kirche, 3. Gottesdienst, 4. Bibel, 5. Jesus, 6. Gott, 7. Gebet,
8. Taufe, 9. Abendmahl, 10. Glauben und Bekennen, 11. Diakonie und Mission,
12. Zehn Gebote, 13. Konfirmation.

Das Buch bietet Bilder und Texte, Arbeitsaufträge für Einzel- und Gruppenarbeit,
Projekte und Rollenspiel.

Hans Gerhard Mayer u. a., Lebendige Konfirmandenarbeit (Gütersloh 1985),

legt zu dem Konfirmandenbuch „Leben entdecken" eine Sammlung von Materialien und Unterrichtsentwürfen vor. Seine 16 Grundthemen sind:

1. Konfirmation, 2. Schöpfung, 3. Gott, 4. Taufe, 5. Jesus Christus, 6. Wollen
und Können, 7. Gottesdienst, 8. Abendmahl, 9. Kirche, 10. Zehn Gebote,
11. Verantwortung der Christen, 12. Schuld / Vergebung, 13. Gebet / Beten,
14. Sterben / Tod, 15. Zukunft, 16. Gelingendes Leben.

Als weitere 9 Themen werden angeboten: Arbeit / Arbeitslosigkeit, Ausländer,
Bibel, Diakonie Frieden, Credo / Ökumene, Kirchengemeinde, Kirchenjahr, Vaterunser.

Ursula Plote, Konfirmandenzeit erleben (Gorxheimertal 1995),

organisierte seit 1975 die Konfirmandenzeit in einem Wilhelmshavener Stadtteil in
Kursen und Ferienseminaren als Teil des Gemeindeaufbaus. Nach einer Anfangsphase und Kennenlernfreizeit gibt es 10 Kurse mit Unterrichtseinheiten; die Themen sind:

1. Gemeinde, 2. Jesus, 3. Bibel, 4. Taufe, 5. Gott, 6. Glaube, 7. Gottesdienst,
8. Abendmahl, 9. Zehn Gebote, 10. Konfirmation.

Rainer Stark, Grundkurs KU (Gütersloh 2004),

gestaltet Unterrichtsideen zu 12 zentralen Themen für Konfirmandinnen und Konfirmanden. Unter plakativen Überschriften erscheinen:

1. Abendmahl, 2. Bibel, 3. Gemeinde, 4. Credo, 5. Gott, 6. Gottesdienst, 7. Jesus Christus, 8. Konfirmation, 9. Taufe, 10. Tod und Leben, 11. Vaterunser, 12. Zehn Gebote.

Die Unterrichtseinheiten zeigen durchgängig den didaktischen Ablauf von: Einstieg (Motivation), Erarbeitung, Vertiefung (Biblische Orientierung), Bündelung, Gestaltung (Darstellung) und integrieren verschiedenste pädagogische Ansätze und Ideen.

Andreas Blaschke, G mit! Sieben Schritte zur Freundschaft mit Gott (Stuttgart 2003),

buchstabiert in seinem in der Konfirmandenarbeit im badischen Raststatt erwachsenen Arbeitsbuch die Themen:

1. Grundlagen, 2. Gottes Wort, 3. Gebet, 4. Glaube, 5. Gebote, 6. Gemeinde, 7. Ganz persönlich.

Luftig aufgemacht mit Cartoons von Tiki Küstenmacher bietet der Band ein ausgewogenes Verhältnis von Texten und Bildern sowie klare Arbeitsblätter.

Hermann Mahnke, Komm und sieh! (Stuttgart 1997),

gestaltet seinem Konfirmandenkurs ähnlich wie seinen biblischen Grundkurs zum Christlichen Glauben. Viel Text und unterschiedliche Illustrationen zeichnen sein Begleitbuch aus. Auf 42 Stunden verteilt er Themen, wie

1. Gottesdienst, 2. Heimat Kirche, 3. Bibel, 4. Gebet, 5. Glaube, 6. Schöpfung, 7. Jesus, 8. Vergebung (Taufe, Abendmahl, Beichte), 9. Auferstehung und ewiges Leben, 10. Gebote.

Hans und Hille Hentschel, Aufgefischt (Stuttgart 2002),

setzen bei ihrem Konfirmandenarbeit theologisch bei der Rechtfertigung an und elementarisieren dann christliche Themen in ihren auf 12 Blöcke aufgeteilten Glaubenskurs:

1. Ich / Wir / Konfirmanden, 2. Vertrauen / Gott / Erfahrungen,

3. Bücher / Bibel / Orientierung, 4. Einladung / Gebote / Gebet,

5. Schöpfung / Behüten / Loben, 6. Jesus / Begegnung / Liebe,

7. Geist / Christen / Kirche, 8. Gemeinde / Dienste / Kirchenjahr,

9. Gebet / Gemeinschaft / Gottesdienst, 10. Beschenkt / Schenken / Diakonie,

11. Grenzen / Tod / viele Tode, 12. Ausblick / Hoffnung / Lebenssinn.

Das vom Leiter des Pädagogischen Instituts der Ev. Kirche von Westfalen in Schwerte, Hans-Martin Lübking, geschaffene (Neue) Kursbuch Konfirmation (Düsseldorf 2000 bzw. 2005)

gliedert sich in 18 Themenkreise:

1. Gruppe, 2. Gemeinde, 3. Bibel, 4. Weihnachten, 5. Jesus, 6. Taufe,

7. Abendmahl, 8. Kirche, 9. Diakonie, 10. Schöpfung, 11. Gerechtigkeit,

12. Ich bin, 13. Gott, 14. Gebet, 15. Gebote, 16. Leben und Tod, 17. Credo,

18. Konfirmation.

Das methodische Arbeitsbuch bietet neben allgemeinen Materialien für die Konfirmandenarbeit noch zusätzliche Themen, wie Sekten, Ostern, Engel, Teufel, Schule, Jugendkriminalität, Rassismus und rechte Gewalt.

Das im Auftrag der Vereinigten Lutherischen Kirchen Deutschlands von Martin Rothgangel und Norbert Dennerlein herausgegebene kreuzundquer. Impulse für die Konfirmandenzeit (Göttingen 2005)

bietet 16 Bausteine, jeweils mit einem roten Faden und viele Materialien. Auch hier finden sich unter schönen Überschriften klassische Themenkreise:

1. Schöpfung, 2. Gemeinschaft, 3. Kirche / Gemeinde, 4. Diakonie,

5. Gottesdienst, 6. Leid / Tod / Kreuz, 7. Leben nach dem Tod,

8. Beten / Vaterunser, 9. Rechtfertigung, 10. Taufe, 11. Abendmahl, 12. Credo, 13. Zehn Gebote, 14. Liebe / Gott und Mensch, 15. Leben auf Zukunft hin, 16. Konfirmation und Segen.

Das didaktische Prinzip ist der Dreischritt „Wahrnehmen", „Deuten", „Gestalten; das führt dazu, dass alle Bausteine konsequent in der Lebenswelt der Konfis verankert sind und zu Glaubensvollzug motivieren.

Das von Gerhard Kraft herausgegebene „KU elementar" (Stuttgart 2008)

will grundlegend und einfach sein und gliedert sein Programm und die Unterrichtseinheiten und Arbeitsmaterialien in Blöcke, die – nach einer Kennenlern-Einheit – dem Glaubensbekenntnis folgen:

1. Ankommen (Ich / Gruppe, Kirchengemeinde, Kirchengebäude, Gottesdienst, Kirchenjahr, Gesangbuch, Bibel), 2. Gott (Allmächtiger / Vater, Schöpfer, Gebote, Beten), 3. Jesus (empfangen / geboren, gelitten, gekreuzigt / gestorben / begraben / hinabgestiegen, auferstanden, aufgefahren / richten / kommen), 4. Heiliger Geist (Geist, Kirche, Taufe, Diakonie, Abendmahl, Auferstehung)

Zum Gebrauch des Materials

Jede Zeit hat ihre Unterrichtsmaterialien. Sich auf dem Laufenden zu halten, schadet nie. Manches an Methoden und Ansätzen überholt sich durch den Wandel der gesellschaftlichen Bedingungen, denen wir ausgesetzt sind. Die Breite des Angebots allerdings verlangt Auswahl und Reduktion.

Noch nie ist es mir gelungen, eines der KU-Werke durchgängig für einen Konfijahrgang zu verwenden. Die Versuche scheiterten, weil selbst die pädagogisch und theologisch durchdachtesten Gliederungen und Aufteilungen und die ansprechend schönsten Arbeitsblätter meinen Jugendlichen und mir nicht recht entsprachen.

Die Situation des KU verlangt flexible Gestaltung. Nicht alles Gute ist für alle Gruppen und zu aller Zeit gut.

1.3 Konfirmandenzeit ist ...

... situativ

Kein Jahrgang gleicht dem anderen. Die Erfahrungen und Erwartungen der Jugendlichen variieren ebenso wie ihre Lebenshaltungen, ihre soziale Kompetenz oder ihr Interesse. Und auch ich bin bei aller Professionalität nicht immer gleich motiviert. Dabei ist meine Tagesform nicht unbedingt von Einzelnen in der Gruppe oder von der gesamten Gruppe, sondern noch von vielen andern Faktoren bestimmt. Genauso geht es natürlich auch den Konfis.

... ein Spagat

Es bleibt immer spannend. Die Jugendlichen sollen positive Erfahrungen mit anderen im Raum der Kirche erleben, sich ein Grundwissen christlichen Glaubens aneignen und mit ihren Fragen vorkommen können. Es geht um Lebenskultur und Lebensfragen im religiösen Kontext unseres christlichen Glaubens. Zwischen Situation und Tradition pendle ich immer hin und her. Auf der einen Seite möchte ich gewachsene Traditionen vermitteln und habe also einen pädagogischen Ansatz zum Lernen und Aneignen. Zum anderen möchte ich theologisch arbeiten und zum theologischen Denken anregen. Jede Situation lässt sich im Licht von Ostern betrachten. Vorhandenes und Fragen sollen ihren Platz finden. Dem Denkmuster der Theologie der Befreiung möchte ich folgen: sehen – urteilen – handeln.

Zum einen will das Evangelium tradiert und kommuniziert werden, zum anderen kann die Auseinandersetzung mit dem Evangelium neue Dimensionen aufzeigen.

... plakativ

Der KU ist von seinen Rahmenbedingungen eher nicht dafür geeignet, bei der Fülle der Themen in die Tiefe zu gehen. Dazu fehlen Zeit und Umfeld. Möglichst in sich abgeschlossen muss jede Stunde sein; sie ist das Maß für je ein Thema. Fäden wieder aufzunehmen und Verknüpfungen herzustellen gelingt selten. Es fehlt an Konzentration, es gibt zu viel Ablenkung.

Besser ist es hier, sich auf die Gegebenheiten einzustellen: den Stoff zu portionieren und zu elementarisieren und ihn dann exemplarisch und plakativ zu präsentieren.

... ein Puzzle

Viele unterschiedliche Inhalte und Arbeitsformen kommen vor. Altes und Neues. Und jedes Jahr gestaltet sich anders. Früher dachte ich: Wenn ich mit den Konfis ein Jahr lang bewusst das Kirchenjahr erlebt habe, wenn sie die einzelnen Feste unseres Glaubens vorbereiten und mitgestalten konnten, dann haben sie neben all den praktischen Erlebnissen auch einen Überblick über unsere Heilsgeschichte gewonnen. In dem aus den Erfahrungen der Christenlehre in der früheren DDR erwachsene Modell von Helmut Hanisch u. a. „Den Glauben feiern. Feste im Kirchenjahr" (Frankfurt 1996), fand ich meine Gedanken wieder. Nicht so bei den Jugendlichen und unserem gesellschaftlichen Zeitmanagement. Wenn bei uns Hochfeste anstehen, haben die Jugendlichen Ferien und viele sind mit ihren Familien abwesend. Einübung und Mitgestaltung werden dadurch unmöglich. Karfreitag, Ostern, Pfingsten, Himmelfahrt gehen uns verloren.

Wenn wir die Kernaussagen jener Feste nicht verlieren wollen, müssen sie an anderen Orten im Rahmen des KU vorkommen. So wie jeder Sonntag ein wöchentliches Osterfest im Kleinen sein will.

... geplant – ungeplant

Alle Jahre mache ich mir aus der Erfahrungen der Arbeit mit den letzten Konfis meinen Plan für die neue KU-Arbeit. Aus den Zielen, die ich mir setze, entstehen Fragestellungen, aus den Fragestellungen Organisationsaufgaben und methodische Einheiten. Doch oft kommt alles anders, weil die realen Konfis anders sind als die geplanten.

1.4 Projekt: Konfirmandenzeit auf dem Land heute

Das Lehrhafte haftet der Konfirmandenzeit an. Die Bezeichnung „Konfirmandenstunde" hat sich bei uns in der Gemeinde noch nicht durchgesetzt. Egal, was wir machen – viele Jugendliche und Eltern sagen immer noch „Konfirmandenunterricht", denn schließlich wird da etwas gemacht und gelernt mit Methoden wie in der Schule.

Wege gehen

Meine Erfahrung: Das ideale Modell gibt es nicht. Nicht, dass wir jedes Jahr Rom neu gründen würden, aber wir unterziehen uns der Mühe, Ereignisse und Angebote aus der Region einzubauen und Themen und Aktionen mit Blick auf die Gruppe neu zu bestimmen. Und immer bleiben Zweifel an den didaktischen und methodischen Entscheidungen. In der Musik sind unvollendete Symphonien die Ausnahme, im pädagogischen Alltag dagegen ist Vorläufigkeit die Regel. Auch unser Christsein ist ein Weggeschehen.

Und so mache ich Mut, den Konzepten zu misstrauen, was nicht bedeutet, sie abzulehnen. Sondern man sollte sie kennen und sammeln. Und man bediene sich je nach Situation und Bedürfnis. Wir sind keine Umladestation für theologische Pakete. Wir sind zur eigenen Gestaltung und Deutung aufgefordert und unsere Situation ist schon ein Stück des Programms. Nur so kann es gehen.

Denn Religion hat mit unserem Leben zu tun und es gibt das Christensein nicht „pur", sondern immer nur gefiltert durch Personen und Erfahrungen und wirksam in bestimmten Situationen, Gemeinden und Gruppen. „Christus hat keine Hände, nur unsere Hände …"

Balancieren zwischen Tradition und Situation

Wie für den Religionsunterricht in der Schule gibt es auch didaktisch-methodische Vorgaben für die Konfirmandenarbeit. In der EKHN wurde die Verordnung über die Arbeit mit Konfirmanden 1977 in Kraft gesetzt und nach 25 Jahren überarbeitet.

Gerade weil es kein geschlossenes Lehrsystem der Kirche im Rahmen der Gesellschaft gibt, sind Leitlinien und nachvollziehbare Ziele, Standards bei den Themen und Methoden wichtig. Auch innerhalb unserer Gemeinden brauchen wir solche Bindungen und Verbindlichkeiten; allerdings erhalten sie ihr Profil durch die Situation vor Ort.

Ich schließe von mir auf meine Kolleginnen und Kollegen: Ausgestattet mit einer guten religionspädagogischen Ausbildung aus dem ersten Studium und mit viel theologischem Wissen aus dem zweiten Studium habe ich mich in die pädagogische Arbeit gestürzt. Aber die Kinder und Jugendliche, Frauen und Senioren in der Gemeinde bewegte nicht unbedingt das, was ich vermitteln wollte. Seit Berufsantritt kämpfen in mir Tradition und Situation, die Vermittlung von Gegebenen und das Aufgreifen von Vorgefundenem. Ständig suche ich nach Verbindungen zwischen Theorie und Praxis. Ich weiß: Vielen Kolleginnen und Kollegen geht es ähnlich.

Kettfäden finden

Wer die gängigen Arbeitsmappen, -hilfen und -konzeptionen für die Konfirmandenarbeit betrachtet, entdeckt – neben den eigenen Vorstellungen – noch eine Fülle von Themen, die während der Konfirmandenzeit berücksichtig werden können oder sollen:

Person und Gruppe, Gemeinde und Gottesdienst, Ökumene und Kirchenjahr, Bibel als Bibliothek und biblische Texte, Schöpfung und 10 Gebote, Frieden und Gerechtigkeit, Helfen und Diakonie, Gott und Jesus, Weihnachten und Ostern, Gebet und Glaubensbekenntnis, Taufe und Abendmahl, Leben und Tod, Konfirmation usw.

Aus diesen thematischen Fäden webt sich unser Christsein. Aber selbst wer alle Fäden aufgreift, ein- und abarbeitet, hat damit noch längst kein tragfähiges Muster bekommen.

Beschränkung tut Not und weniger ist mehr. Nicht alles will durchgearbeitet sein, aber vielleicht einiges exemplarisch. Wir müssen die „Kettfäden", die in unserer Gruppe tragenden Fäden, entdecken und weiterspinnen. Verortung ist angesagt.

Verantwortung übernehmen

An vielen Orten gibt es gute Erfahrungen mit Konfirmandenpraktika. In kleinen Gruppen nehmen die Jugendlichen an Gruppen oder Veranstaltungen der Gemeinde teil und wirken dort begrenzt mit. In unserer Landgemeinde ist uns das bisher noch nicht geglückt. Zum einen liegen die Gemeindegruppen für die Konfis meist ungünstig, zum anderen konnten die ehrenamtlichen Mitarbeiter die Konfis nur schlecht integrieren. Ebenso scheiterten Projekte mit der Sozialstation oder dem Altenheim der benachbarten Stadt.

Es gibt aber feste Aktionen der Konfirmanden zusammen mit Erwachsenen: Mitarbeit beim Gemeindefest, beim Eine-Welt-Verkauf, beim Mittagessen und Kaffee des Künstlermarktes. Und es gibt verpflichtende Aufgaben, die die Konfis allein oder in Gruppen zu bewältigen haben: viermal im Jahr die Kirchenzeitung unserer Landeskirche austragen, im Herbst für unserer Diakonisches Werk von Haus zu Haus zu sammeln, gelegentlich Gemeindepost unters Volk zu bringen.

Die Verpflichtung, im Gottesdienst durch die Übernahme von Lesungen oder Gebeten mitzuwirken, haben wir auf die Kirchenvorsteher verlagert. Die Jugendlichen quälen sich damit.

Biblische Grundlagen sichern

Weil die Kenntnisse unserer Jugendlichen von Geschichten aus dem Alten und Neuen Testament arg beschränkt sind, haben wir nach Erweiterungsmöglichkeiten gesucht. Die von unserer Landeskirche im vierten Schuljahr verschenkte Bibel für junge Leute „Die Nacht leuchtet" mit dem traditionellen Luthertext war uns dabei keine große Hilfe. Wir benutzen sie während der Konfirmandenzeit, aber zum eigenen Lesen motiviert sie nicht. Angedacht haben wir Bibliodrama-Workshops ebenso wie Vorlesenächte in der Kirche.

Angeschafft haben wir eine ganze Sammlung von Bibel-Videos, die sich die Konfis ausleihen können und in kleinen Gruppen außerhalb der Konfirmandenstunde zu Hause betrachten sollen. Jede Kleingruppe soll während der Konfirmandenzeit drei solcher Filme zusammen ausschauen.

Ursprünglich wollten wir noch Arbeitsblätter und Spiele zu den Videos zusammenstellen, haben davon aber Abstand genommen. Denn dann würde aus dem erzählenden Medium Film eine Bildungsveranstaltung, wie sie die Jugendlichen zur Genüge aus der Schule kennen. (Die Filme mit der reißerischsten Hülle sind am begehrtesten.)

Ausflüge und Besuche machen

In den letzten Jahren sind in unserer ländlichen Konfirmandenarbeit Exkursionen immer wichtiger geworden. Manches, was sich anfangs aus dem eher zufälligen regionalen Angebot ergab, gehört inzwischen zu unserem Standard. Die Organisation übernimmt eine mitarbeitende Kirchenvorsteherin. Wenn bei größeren Gruppen weitere Kleinbusse benötigt werden, müssen Eltern beim Fahrdienst mit den Bussen unseres Dekanates mitwirken.

Wir erleben Spaß bei geselligen Aktionen wie Schwimmbad, Kino, Eis- oder Pizza-essen. Wir nutzen ein kulturelles Angebot: das Konzert eines christlichen Lie-dermachers, eine erlebnisorientierte Ausstellung, besichtigen Kirchenfenster von Marc Chagall.

Wir erleben andere Formen des Gottesdienstes oder Christseins, besuchen einen Go-Special-Gottesdienst oder ein Kloster.

Wir orientieren uns über die soziale Arbeit der Kirche, fahren zur Sozialstation, zur Suchtberatung oder in eine diakonische Einrichtung. Wir beschäftigen uns mit ele-mentaren Lebenssituationen – besuchen eine Frauenärztin, eine Hebamme oder die Geburtsstation in einem (katholischen) Krankenhaus; wir begeben uns in ein traditionelles oder ein ganz unkonventionelles Bestattungsinstitut.

Diese Exkursionen hinterlassen nachhaltige Eindrücke. Wir kamen zu der Erkennt-nis: Aktionen und Besuche stärken nicht nur die Gruppe, sondern erweitern auch den individuellen Horizont. Persönliche Begegnungen und biografische Geschich-ten ermöglichen neue Erfahrungen, geben Anstöße zur Auseinandersetzung mit religiösen Dimensionen.

Religion wahrnehmen, deuten, gestalten

Auch in volkskirchlichen Zusammenhängen sind die meisten Eltern und Kinder nicht mehr sehr bewandert in religiösen und christlichen Belangen und neigen deshalb zur Sprachlosigkeit. Aber jeder Mensch braucht Orientierung, braucht weltanschauliche Grundlagen, braucht Visionen. Und wohl jeder Mensch entwi-ckelt Muster, mit denen der seine Erfahrungen deutet, an denen er sein Leben ausrichtet und mit denen er es gestaltet. Diese Alltagstheorien tragen oft religi-ösen Charakter. Was wir im gesamten religionspädagogischen Bereich, aber ins-besondere in der gemeindlichen Gruppenarbeit neu lernen müssen, ist die Wie-derentdeckung der Religion im eigenen Leben. Es gilt, die Sinne zu öffnen, das Sehen und Hören mit dem Herzen zu üben, Sprachmöglichkeiten aufzuzeigen, die Naturerfahrungen und Lebenserfahrungen religiös deuten: Schöpfung pur – Leben pur.

Nicht mehr Wissen ist angesagt, sondern mehr Wahrnehmung und Deutung.
Die Fülle des Wissens macht uns schon vergesslich genug.

Eine lebensnahe Theologie entwickeln

„Die Rede von Gott ist immer eine Rede von eigener Betroffenheit" (Hubertus Halbfas). Natürlich können wir im KU Themenkataloge bearbeiten, aber wir müssen dabei als Personen vorkommen. Christlicher Glaube ist nicht statisch. Man muss nicht bereit sein, ein genau fixiertes Kompendium dogmatischer Lehrsätze nachzusprechen, um sich als Christ auszuweisen. Sondern es bedarf der Bereitschaft und Fähigkeit, seine Lebenserfahrungen mit Gott in Verbindung zu bringen, Erfahrungen wie Gemeinsamkeit und Solidarität, Treue und Trost.

Religion ereignet sich im Leben. Christsein zeigt sich in den Deutungsmustern, die wir aufnehmen und weitergeben, im Reden und natürlich im Tun, im Verhalten, in unserem Eintreten für andere.

Im Grunde ist Christsein immer exemplarisch, beispielhaft, biografisch verankert, verbunden mit mir, mit meinen Wurzeln und Fundamenten und meiner aktuellen Lebenssituation.

Meiner Erfahrung nach nützen auswendig gelernte Worte nur wenig, wenn ich sie nicht auf etwas mich Bewegendes übertragen kann. Meine ganze Büchersammlung nützt mir wenig, wenn ich zu einer Frage nicht den richtigen Text finde. So bleiben im Konfirmandenunterricht viele Themen und Stoffe den Konfis einfach fremd, weil sie diese nicht übertragen können. Auch die Texte der Bibel bleiben bloß Buchstaben und Papier. Ich träume von einer lebensnahen Theologie mit weniger Texten und Methoden als im Schulunterricht und mit weniger Dogmatik. Dafür aber mit mehr Leben und gedeuteter Erfahrung. Biografisches Lernen und Lernen an den Biografien anderer.

Projekt: Erzähltes Leben

Meine Idee: Die wichtigsten Fragen des Lebens werden gesammelt. Dazu formulieren wir Fragen: Was würden wir gern wissen oder fragen? Wer könnte Auskunft geben? Wo könnten Beispiele Anhalt geben? Als Nächstes überlegen wir (und ich), welche Menschen wir zu welchen unserer Themen in den Unterricht einladen oder besuchen könnten. Wer wäre der geeignete Dialogpartner, wer – vor allem – könnte exemplarisch aus seinem Leben, von eigenen Lebenserfahrungen zu unserem Thema erzählen?

Und so erzählen uns Menschen je einen Ausschnitt aus ihrem Leben: von Liebe und Hochzeit, Ehe und Scheidung, von Ausbildung, Arbeit und Arbeitslosigkeit, von Kindern und Enkeln, von der Pflege alter Eltern, vom Umgang mit Sterben und Tod, von Erfahrungen im Ausland usw. Sie beschreiben, was sie in jener Phase ihres Lebens erlebt und erlitten, geliebt und geduldet, getan und gelassen haben, wie sie sich dabei gefühlt und verändert haben, wie sie ihre Erlebnisse und Erfahrungen mit Gott, dem Glauben, mit Religion und Kirche in Verbindung gebracht haben oder heute bringen.

Erzählte Lebensgeschichten werden zu Orten von Religion.

Ihre Erfahrungen haben den Vorteil des biografischen Erlebens, sie sind persönlich und individuell. Sie lassen sich leichter in den eigenen Erfahrungshorizont des Alltags einordnen als Texte und sind viel direkter als ein Filmporträt. An den persönlichen Berichten lassen sich Themen und Verhaltensweisen des alltäglichen Glaubens beschreiben und generalisieren. Das Gehörte kann aber auch als persönliche Eigenheit eingeordnet und individualisiert werden.

Die Frage ist, ob sich in einer Gemeinde Personen finden lassen, die so ein Stück aus ihrem Leben erzählen. Der Ausschnitt und die Themen der Lebensphase müssen für alle klar abgegrenzt sein. Das Gespräch findet in einer gemeinsamen Runde im Gemeindehaus oder bei kleinen Gruppen vielleicht auch zu Hause bei den Erzählern statt.

Wie bei einer Talkshow im Fernsehen gibt es verschiedene Aufgaben: Die Konfis müssen im Vorfeld einige Fragen zu dem Lebensabschnitt und der Zeit sammeln und Fragen aufschreiben, die sie den Gästen stellen können. Dazu gehören auch eindeutig „religiöse Fragen", wie zum Beispiel: Welche Rolle spielte damals Gott in Ihrem Leben? Was haben Sie damals von Gott gedacht? Welche Hilfe hätte oder hat Ihnen damals die Kirche oder die Religion geben können?

Im Vorfeld werden Aufgaben verteilt: Ein oder zwei Jugendliche werden zu Gesprächsleitern gewählt, einige sorgen für die Bewirtung des Gastes bzw. für ein Gastgeschenk. Andere zeichnen das Gespräch auf Video oder Tonband auf. So gibt es für die Nacharbeit eine Dokumentation.

1.5 Ziel der Konfirmandenzeit: die Konfirmation

„Die anderen kochen auch nur mit Wasser", pflegte gelegentlich meine Oma zu sagen. Meistens als Tröstung, wenn mich etwas nicht gelungen war und ich andere um ihre Erfolge beneidete. Von Zeit zu Zeit die Rolle zu wechseln und vom Gottesdienstgestalter zum Gottesdienstbesucher zu wechseln, kann ich nur empfehlen, denn das schärft die eigene und die fremde Wahrnehmung. Ein Beispiel:

Vorstellungsgottesdienst in der Nachbarschaft

Ich komme als Fremder zum einem Vorstellungsgottesdienst. Kaum traue ich mich, die Kirche zu betreten, weil der Pförtner an der Tür so grimmig dreinblickt. Ein Liedblatt will er mich auch nicht geben. Das ist nicht schlimm, denn es war sowieso nicht sehr professionell gemacht und außerdem habe ich mein Gesangbuch dabei. Die hinteren Bänke der Kirche sind mit dicken Kordeln abgesperrt, vorne liegen Zettel „Reserviert". Leider entdecke ich keine vertrauten Gesichter und muss mich zu Unbekannten setzen, die wiederum Plätze für andere freihalten und mich offensichtlich als Störfaktor betrachten. In der Reihe vor mir werden die Kameras vorbereitet, einer telefoniert noch.

Die Altarkerzen brennen nicht, aber der Chor ist schon da. Die Glocken klingen aus. Ganz leise beginnt die Orgel mit einer traurigen Weise, die ich letztens bei einem Boxkampf im Fernsehen gehört habe und die Konfirmanden ziehen – dunkel gekleidet – durch den Mittelgang ein. Einige in der Gemeinde erheben sich, andere nicht. Die Pfarrerin begrüßt lang und umständlich und leider ohne ihr Mikrophon einzuschalten. Das erste Lied erfreut mich, aber nicht die Gemeinde. Kaum einer singt mit und so wird es auch bei den drei noch folgenden modernen Liedern sein.

Die Pfarrerin kündigt an, dass nun die Konfirmanden ihre Gäste begrüßen. Diese nennen ihre Namen und sagen „Guten Tag". Eine Eröffnung „Im Namen Gottes" gibt es nicht, auch andere liturgische Stücke fehlen. Als die Gemeinde nach der Lesung „Halleluja" singen soll, ist sie damit überfordert.

Jedes Auftreten der Konfirmanden wird von der Pfarrerin angekündigt und kommentiert, charmant, aber überflüssig. Im ersten Teil werden die Konfirmanden wie zu meiner Jugendzeit vor 30 Jahren geprüft. Sie stellen sich im Altarraum auf und beantworten Fragen zur Bibelkunde. Es melden sich immer alle; wer dran kommt, das ist aber nicht abgesprochen. In Abschnitten sagen sie den Psalm 23 auf, dann die 10 Gebote, das Glaubensbekenntnis und das Vaterunser.

Ein kleines Stück spielen die Konfirmanden und tragen frei einige Gedanken vor. Ich bin ganz fasziniert. Die Pfarrerin predigt. Der Chor singt. Es folgen die Fürbitten – ohne einen Kehrvers, in den ich hätte einstimmen können, – und der Segen in freier Fassung und ohne ein Amen der Gemeinde. Nach dem anschließenden Lied setzt die Orgel schwungvoll zum Auszug ein. Allerdings winkt sie die Pfarrerin ab. Als es wieder still ist, überreicht eine offensichtlich bewegte Konfirmandenmutter der Pfarrerin ein Geschenk und Blumen. Dann setzt die Orgel erneut ein und alle gehen.

Am Ausgang werfen einige Geld in die an der Wand eingelassenen und schlecht zu erreichenden Opferstöcke. Ich schließe mich ich ihnen an. Draußen stehen viele Leute und begrüßen und beglückwünschen die Jugendlichen und ihre Eltern. Die Pfarrerin ist allerdings schon im Gemeindehaus verschwunden. Die Blumen müssen ins Wasser. Eine Stunde Vorstellung ist vorbei. Sie hinterlasst viele Fragen …

– Welche Funktion hat der Vorstellungsgottesdienst?

– Welche Rolle spiele ich als Pfarrer dabei?

– Welche Rolle haben die KonfirmandInnen?

– Wie weit unterscheidet sich der Vorstellungsgottesdienst von anderen Gottesdiensten? Auf welche Formen, welchen Ablauf bezieht er sich?

Eine Konfirmation im eigenen Erleben

Die Lieder sind ausgesucht. Betont schwungvoll für unseren Posaunenchor, der mit Klarinetten und Schlagzeug hervorragende Unterhaltungsmusik machen kann. Aber ich habe die Rechnung ohne den Wirt gemacht.

Vorspiel

Die Spielgemeinschaft aus Posaunenchor und Stadtkapelle beschwert sich mit viel Lärm: Die Lieder aus dem neuen Gesangbuch seien alle fürchterlich. Sie blasen schließlich im Militärgriff und müssen alle Noten umschreiben. Das macht Mühe.

Früher seien sie mit vier Chorälen durchs Kirchenjahr gekommen. Kirchenmusik wird leider als Last empfunden. Kurz vor dem Gottesdienst intonieren sie dann doch die zuerst abgelehnten Lieder ...

Zwei Stunden vor dem Gottesdienst beginnen die Fotoaufnahmen. Wie alle Jahre gibt es auf Wunsch der Eltern Einzelbilder und anschließend ein gemeinsames Gruppenbild. Als ich zum Gruppenbildtermin komme, eine Stunde vor dem Gottesdienst, ist schon alles gelaufen. Weder Konfirmanden noch der Fotograf fühlten sich an den vereinbarten Termin gebunden. Seit 50 Jahren ist das also das erste Konfirmationsbild ohne den Pfarrer. Ob das etwas zu bedeuten hat?

Die Konfirmanden sind aufgeregt und schwirren durch die Gegend. Einem Jungen fehlt ein Gesangbuch. Zwei haben die alten Gesangbücher ihrer Omas mitgebracht und natürlich stimmen die Nummern der Lieder nicht mehr. Also besorge ich schnell Gesangbücher, damit alle gleich ausgestattet sind.

Seltsam ist es schon: Zu Beginn der Konfirmandenzeit wollen die viele Eltern keine Bibel (in der Übersetzung der Gute Nachricht) kaufen, denn sie haben ja noch ihre alten Traubibeln oder die ihrer Eltern aus traurigen Zeiten. Sie sagen auch offen: „Man braucht man sie ja doch nie mehr. Die Kirche hat doch bestimmt welche für Unterrichtszwecke!" Und Gesangbücher gibt es auch erst zur Konfirmation. In Goldschnitt versteht sich. Für den Bücherschrank. Ober eben auch nicht.

Der Mittelpunkt des Festes

Wir feiern unsere Konfirmation am Sonntagnachmittag um 13.30 Uhr. Das hat vor Jahrzehnten mein Vorgänger auf Wunsch der Eltern eingeführt. Der Termin ist für die Familien entlastend: Die anschließende Familienfeier zieht sich nicht so unendlich in die Länge. Unsere Posaunenchor und auch manche Kirchenvorsteher dagegen möchten ihren Sonntag nicht so blockiert bekommen. Wäre es wie früher um 10 Uhr, wäre eben nur der Vormittag belegt.

Die Glocken beginnen mit ihrem Wegegeläut. Irgendwann kommen auch die Konfirmanden zur Ruhe und warten vor der Kirche. An der Türe empfange ich die Besucherinnen und Besucher. Wieder sind es viele fremde Gesichter, Familienangehörige, die angereist sind, um unseren Gottesdienst besuchen. Manche schleichen sich an mir vorbei, andere stellen sich vor. Eine Frau weist meine Hand und meinen Gruß mit einem „Nein, danke!" zurück.

Unser Küster versucht Gesangbücher auszuteilen. Aber viele Gäste lehnen ab: „Wir singen nicht." „Ich habe meine Brille vergessen." „Das muss doch nicht sein." Das macht ihn mürbe, sein freundliches Lächeln schwindet. Nach einer Weile gibt er es auf und geht zum Hauptläuten in die Sakristei. Am Ende nehme ich die Gesangbücher Stoß um Stoß und verteile sie in der Kirche. Singen, Lesen und Beten hat noch niemandem geschadet. Aber die Hürden werden immer größer.

Der Gottesdienst ist vorbei. 1½ Stunden hat es gedauert und alles ist mit Video aufgezeichnet. Aber dafür gab es kein Blitzlichtgewitter. Die Konfirmanden atmen auf. Für die Eltern beginnt nun die zweite Runde.

Unsere Kirchenvorsteher sind von der Musik des Posaunenchores begeistert: „Eigentlich hätte man klatschen können." „Überhaupt: Alles lief wie am Schnürchen. Bloß, dass am Abendmahl wohl die Hälfte der Gäste nicht teilgenommen haben. Das hat es noch nie gegeben …" Und das, obwohl wir uns bewusst einladend geben: „Alle, die am Gottesdienst der Gemeinde Jesu teilnehmen, sind durch Jesus Christus selbst eingeladen …" Einladung bleibt Einladung. Und Einladungen kann man ablehnen.

Nach dem Gottesdienst tagt in diesem Jahr noch der Kirchenvorstand. Nach einer Stunde kann ich mich auf den Weg nach Hause machen. Und dann zu jenen Konfirmandenfamilien, die mich eingeladen haben.

Kaum bin ich zu Hause, bringt eine Mutter Kuchen vorbei: „Wo bleibt denn Ihr Mann, wir haben mit ihm gerechnet!" „Der ist eben erst aus der Kirche gekommen …", sagt meine Frau. „Na ja, die Kirche war auch ganz schön lang!", kontert die Konfirmandenmutter. Und ich überlege mir, man hätte auf die Predigt verzichten können und auch auf das Abendmahl. Das hätte enorm Zeit gespart …

Nachspiel

Im Gemeindehaus wird auch gefeiert. Viele stehen draußen. Auch unser Bürgermeister. Wir führen ein längeres Gespräch über die Verunreinigung unserer Flure durch Einheimische und Fremde. Dann gehe ich hinein.

Drinnen empfängt mich unsere Küchenfrau mit deutlicher Kritik: Geschirr und Bestecke fehlen. Peinlich. Ich hatte sie an den kommunalen Kindergarten ausgeliehen und der hat die Sachen nicht zurückgebracht. Sie hat recht, sich darüber zu ärgern. Aber mit diesem Ärger schüttet sie auch anderen Groll aus: dass so viel los ist in unserem Gemeindehaus, so viele Kinder, so viele Gruppen … Ich brächte allzu viel Unruhe mit meinen vielen neuen Ideen. Ich merke, wie es in mir kocht: Was für eine Feier der Missverständnisse, wie hoch die Erwartungen, wie wenig Verständnis!

Ich besorge mir den Schlüssel zum Kindergarten der Ortsgemeinde und hole Geschirr und Bestecke ab. Am nächsten Morgen werden sich die Kindergärtnerinnen vielmals entschuldigen. Aber unsere Festgesellschaft hat den Raum für die Krabbelgruppe nicht wieder freigemacht. Es lebe die Lebenshaltung: Wie du mir, so ich dir! – Oder war's doch einfach auch nur Gedankenlosigkeit? So wie ich unter einer Konfirmationsurkunde die Unterschrift und den Stempel vergessen habe …

Und die Wirkung?

Immer wieder verwundert bin ich als Pfarrer, wenn Konfirmandeneltern, die die Konfirmandenzeit ihrer Sprösslinge loben und auch die Konfirmation in der Kirche positiv genossen haben, wenige Wochen oder Tage nach der Konfirmation aus der Kirche austreten. Das enttäuscht mich und verletzt mich.

Ich komme mir blöd vor. Ist meine Arbeit so fruchtlos oder furchtbar? Zwei Dinge tun mir gut: die Einsicht, dass nicht ich die Ursache ihrer Entscheidung sein muss, sondern dass oft ganz andere finanzielle und irrationale Gründe eine Rolle spielen, und die Erkenntnis, dass alles seine Zeit hat.

Und dennoch! – Die Konfirmation als Kasualie

Bei uns auf dem Land ist die Konfirmation ein wichtiges Fest: ein volkskirchliches Ereignis im dörflichen Leben. Es betrifft die Jugendlichen und ihre Eltern, aber auch den Pfarrer, die Mitarbeiter und den Kirchenvorstand. Es bewegt die Verwandten und die Nachbarn, Freunde und Vereinskameraden, alle Generationen fühlen sich angesprochen und auch Kirchenferne und katholische Kirchenmitglieder. Die Karten- und Geldgrüße an Jugendliche aus bekannten Familien des Dorfes sind meist zahlreich.

Theologisch mag der Konfirmandenunterricht eine nachgeholte religiöse Unterweisung sein und die Konfirmation die Bestätigung der Taufe. Biografisch gedacht ist der Konfirmandenunterricht eine Begleitung der Jugendlichen in einer Umbruchphase und die Konfirmation dann der feierliche Abschluss der Kindheit und der Beginn eines neues Lebensweges. Aus dem Kirchenfest sind längst Familienfeiern geworden.

Zum Evangelisch-Sein gehören unter volkskirchlichen Bedingungen die Taufe und die Konfirmation als wichtige Stationen im Lebenslauf. Als Nächstes folgen dann die Hochzeit und die Taufe der eigenen Kinder, folgen die Beerdigung der Eltern und eines Tages der eigene Tod. Und dazwischen jedes Jahr: Weihnachten.

Die meisten Evangelischen denken nicht in den Strukturen des Kirchenjahres und der darin symbolisierten Heilsgeschichte, sondern sie denken biografisch. Hier nehmen sie die Kirche in Anspruch, weil sie theologische Deutung und seelsorgerliche Begleitung, Orientierung und Zuspruch brauchen.

Wir sprechen von Lebensstufen, von *Passagen* und *Passageriten*. Mit jeder Geburt beginnt Neues. Die Taufe ist wie ein Tor auf dem Weg: Neue Rollen und Verantwortungen entstehen. Mütter und Väter fallen nicht vom Himmel, sondern das Zusammenleben mit Kindern will gemeinsam gestaltet werden. Und Kinder sind nicht automatisch Christen, sie brauchen auch religiöse Impulse, Hinweise und Anregungen, Wertmaßstäbe, Lob und Kritik.

Bei der Konfirmation ist das nicht anders. Schon Zehnjährige zeigen heute pubertäres Verhalten und pendeln einige Jahre zwischen Kindheit und Jugend hin und her. Mit dem Festdatum ist also noch kein Jugendlicher erwachsen, aber eine Station ist erreicht. Der Übergang wird allen Beteiligen im sozialen Umfeld bewusst.

Die Konfirmation als Passageritus besteht aus Positionsbestimmung, Gebet und Segen. Das bisherige und aktuelle Leben wird gemeinsam ins Licht des Evangeliums und der Schöpfung gerückt.

Die Jugendlichen können auf ihre dreizehn, vierzehn Jahre mit all ihren Erfahrungen schauen und danken für ihr Wachsen und Werden, für die Welt, in der sie zu Hause sind. Und die Eltern können danken für das Leben, das sie ihren Kindern geben konnten, für ihre unverwechselbaren Eigenheiten, Stärken und Schwächen und all den Beistand, den auch sie gefunden haben.

Die Jugendlichen können bitten, auch in Zukunft nicht allein zu sein, sondern bei allen wichtigen Fragen und Anlässen immer gute Freunde und Hilfe zu finden. Die Eltern können bitten, dass ihre Kinder ihren Platz in der Welt finden und ihren Weg sicher gehen werden.

Die Gemeinde kann danken, dass Glauben und Leben von Generation zu Generation weitergegeben werden, und bitten, das die Jugendlichen die Aufgaben ihres Lebens mit anderen zusammen bewältigen und auch in Krisen zurechtkommen und nicht mürbe werden.

Der Segen über den Jugendlichen ist Gottes Zuspruch, das Zeichen seiner Treue und Bindung. Der, der es mit uns gut meint, stärkt uns durch sichtbare Zeichen: durch segnende Hände, durch Wasser und Worte, durch Brot und Wein. Der, der es gut mit uns meint, sieht uns an, von innen und außen, unsere Besonderheiten und unsere Eigenheiten, er liebt uns und lässt uns nicht allein.

2 Konfirmandenzeit live

2.1 „Konfi ist klasse!"

Jede Konfirmandenarbeit hat ihre Zeit und lebt von denen, die als Jugendliche teilnehmen, und von jenen, die als Erwachsene gestaltend wirken. Jeder bringt seine Erwartungen und Bilder mit, die oft genug nicht kompatibel erscheinen und auch nicht tragfähig. Das macht die Konfirmandenarbeit immer wieder spannungsreich und verleiht ihr Lebendigkeit.

Konfirmandenarbeit auf dem Prüfstand

Eine Studie erhellt die aktuelle Situation. Die bundesweite „Studie zur Konfirmandenarbeit" wird verantwortet von der Uni Tübingen, dem Comenius-Institut Münster und dem Kirchenamt der EKD und hat innerhalb der Bundesrepublik exemplarisch in 635 Gemeinden über 11.000 KonfirmandInnen, 1.500 PfarrerInnen bzw. MitarbeiterInnen und 5.700 Eltern über ihre Wahrnehmung zum KU befragt. Es ergibt sich – grob gesprochen – folgendes Bild:

Der „Musterkonfirmand"

ist 13 Jahre (68 %), männlich (51 %), hat einen Bruder oder eine Schwester (53 %) und ist schon getauft (94 %). Er hat die deutsche Staatsbürgerschaft (98 %), besucht das Gymnasium (50 %) und dort auch den evangelischen Religionsunterricht (70 %). Jede bzw. jeder zweite bringt Vorerfahrungen aus an anderen christlichen Gruppen oder Veranstaltungen der Kirche mit (46 % / 47 %).

Er meldet sich zum KU, weil er als Kind getauft wurde (49 %), weil er gehört hat, dass die Konfi-Zeit Spaß macht (42 %) und weil er persönlich eingeladen wurde (40 %). Er will am Ende Geld bekommen (58 %), mit der Familie ein großes Fest feiern (55 %), die Gemeinschaft der Gruppe erleben (49 %), den Segen empfangen (48 %) und selbst über seinen Glauben entscheiden (46 %). Er wünscht sich eine stressfreie Konfi-Zeit (80 %) mit Ausflügen und Freizeiten (72 %) sowie viel Action (57 %), dafür will er an den regelmäßigen Gruppenterminen teilnehmen (56 %).

Die klassischen Kirchenthemen interessieren ihn nicht so, aber Freundschaft (89 %), der Sinn des Lebens (72 %), Gerechtigkeit und Verantwortung für andere (66 %) und Jesus Christus (54 %) könnten ihm wichtig sein.

Gegen Ende der Konfi-Zeit beurteilt er die Gemeinschaft in seiner Konfi-Gruppe als gut (74 %), hat mehr über Gott und den Glauben erfahren (69 %) und fühlt sich entscheidungsgestärkt (59 %). Das Fest war wichtig (74 %), Segen (68 %) und Geld (62 %) auch. Er hat regelmäßig die Gruppentermine wahrgenommen (83 %), die Sonntagsgottesdienste besucht (71 %) und insgesamt den Eindruck, in der Gemeinde willkommen und anerkannt zu sein (61 %).

Er ist Menschen begegnet, die ihr Christsein überzeugend leben (56 %) und die Mitglieder seiner Gruppe kann er mit Namen anreden (90 %). Spaß machte die Konfizeit (73 %); insgesamt beurteilt er sie positiv (72 %), ebenso wie die Gruppe (71 %) und den Pfarrer bzw. Hauptverantwortlichen (70 %). Das Vaterunser (89 %) und das Glaubensbekenntnis (63 %) kennt er auswendig und glaubt an Gott (64 %) und dass Gott sich um jeden Menschen kümmert (60 %).

Er will konfirmiert werden (97 %) und will seine eigenen Kinder auch taufen lassen (89 %). Die religiöse Form des Betens pflegt nur jeder Dritte mit anderen (36 %) oder allein (32 %). Das eigene Elternhaus schätzt er als wenig religiös ein (58 %).

Die befragten Eltern

waren hauptsächlich Mütter (84 %), durchschnittlich 43,8 Jahre alt und verheiratet (82 %). Während der Konfirmandenzeit ihres Kindes haben sie den Sonntagsgottesdienst so häufig oder selten wie sonst auch besucht (55 %), das Interesse an religiösen Themen blieb unverändert stark oder schwach (87 %). Sie schätzen auch das religiöse Interesse ihres Kindes als unverändert gleich stark oder schwach ein (59 %) und haben sich nicht an Aktionen während der Konfirmandenzeit beteiligt, weil sie nicht gefragt wurden (64 %).

Sie wurden selbst konfirmiert (85 %) und ihnen ist die Konfirmation des Kindes wichtig (90 %). Der persönliche Glaube an Gott ist ihnen wichtig (83 %) und sie betrachten die Feier als eines der wichtigsten Feste ihres Kindes (67 %). Mit der Konfirmandenzeit waren sie zufrieden (73 %).

Die Mitarbeitenden

waren zur Hälfte Pfarrer im Durchschnittsalter von 43 Jahren. Ehrenamtliche sind im Durchschnitt 23 Jahren alt und arbeiten auch in anderen kirchlichen Gruppen mit (83 %); manche haben spezielle Schulungsmaßnahmen besucht (79 %) und schon 2 bis 5 Jahrgänge begleitet (47 %). In ihrer eigenen Konfi-Zeit wurden ihre Glaubensfragen berücksichtigt (81 %) und sie bekamen einen Überblick über christliche Traditionen (79 %).

Der persönliche Glaube an Gott ist ihnen wichtig (90 %) sowie die Gemeinschaft unter den Mitarbeitenden (89 %). Ebenfalls wichtig ist ihnen, dass die Jugendlichen verlässlich an den Gruppenterminen teilnehmen (90 %). Ausflüge und Freizeiten (85 %), Bibelkenntnisse (82 %), Sonntagsgottesdienst (82 %) und jugendgemäße Gottesdienste (81 %) gehören in der Konfi-Arbeit. Die Jugendlichen sollen in ihrem Glauben gestärkt werden (88 %), einen eigenen Standpunkt zu wichtigen Lebensfragen entwickeln (84 %) und in ihrer persönlichen und sozialen Entwicklung unterstützt werden (83 %).

Nach Einschätzung der Mitarbeitenden lernten die Jugendlichen während der Konfi-Zeit die Kirchengemeinde besser kennen (88 %) und bekamen Grundlagen zur Glaubensentscheidung vermittelt (88 %). Oberstes Ziel war ein positives Gemeinschaftserlebnis der Jugendlichen (92 %).

Wichtiges Thema war ihnen Jesus Christus (96 %) und dann die klassischen Lebensformen des Christenlebens: 10 Gebote (91 %), Taufe (91 %), Abendmahl (90 %). Sie empfinden die Zusammenarbeit im Konfi-Team als gut (95 %) und arbeiten gern mit (90 %). Sie haben fast mit jedem Konfirmanden / jeder Konfirmandin einmal persönlich gesprochen (73 %) und kennen am Ende der Konfi-Zeit die Namen aller Jugendlichen (80 %).

Die befragten Hauptamtlichen erklären den Besuch von 16 bis 25 Gottesdiensten für die Konfi-Zeit zur Pflicht (53 %) und kontrollieren den Besuch z. B. durch Unterschriften (77 %). Die Gruppe trifft sich dienstags (74 %) im Gemeindehaus (94 %) und besucht durchschnittlich 6 verschiedene Schulen.

Die Konfi-Zeit gebt in der Regel über 12 Monate und beinhaltet durchschnittlich 37 Treffen (ohne den Gottesdienstbesuch), dabei 48 Unterrichtsstunden zu 60 Minuten, fast 4 Stunden Gemeindepraktikum pro Konfi, 3 Freizeiten oder Lager mit Übernachtungen, 2,5 Konfitage mit mindestens 3 Stunden Dauer, 1,5 Tage Teilnahme an Jugendarbeitsprojekten und 1,5 Tage Ausflüge.

Häufige Unterrichtsmethoden sind Gruppenarbeit (66 %) und Diskussionen (65 %), während nie (nach Aussage von 3 %) am Bibeltext oder mit anderen Texten gearbeitet wird, sodann Rollenspiel und Theater, Zeichen / Malen und kreatives Gestalten, gemeinsames Singen. Begegnungen mit Menschen aus der Gemeinde und Gruppenarbeit finden statt. Häufigstes Arbeitsmaterial sind die Bibel (66 %) und Arbeitsblätter (61 %).

Für die Teilnahme am KU wird im Gemeindebrief geworben (87 %) und es gibt für Teilnehmende Merkblätter ohne Vertragscharakter (41 %). Konfi-Unterricht für Erwachsene gibt es in der Gemeinde nicht (89 %). Ungetaufte Konfirmanden werden vor der Konfirmationsfeier getauft (74 %). Die Konfirmanden können von Anfang an am Abendmahl teilnehmen (34 %). Am Ende der Konfi-Zeit gibt es ein mündliches Feedback durch die Konfirmanden (42 %). Im Vergleich zu den anderen Arbeitsfeldern der Gemeinde ist es in den Augen der Hauptamtlichen eines der wichtigsten (47 %) oder so wichtig wie die anderen (41 %).

Gedanken zur Konfi-Studie

Durch die Brille fremder Studien geschult, nehme ich meine eigenen Konfirmanden, meine eigene Arbeitsweise und meine Gemeindesituation neu, aber nicht immer intensiver wahr. Meine Konfirmanden entsprechen vielleicht in vielen Zügen dem oben entworfenen Musterbild, aber sie sind auch grundsätzlich anders. So viel immerhin lässt sich sagen: Die Konfirmandenzeit und die abschließende Konfirmation werden durchweg positiv rezipiert und erinnert; wenn wir davon ausgehen, dass zuzeiten der Fragmentarisierung des Lebens ein einziges Erlebnis mit Kirche pars pro toto für „Kirche" genommen wird, so kann man sagen: Das Bild von der Kirche verschlechtert sich während der Konfirmandenzeit nicht: Die Kirche tut Gutes (68 %).

Dagegen scheint allerdings die Anbindung und das aktive Mitwirkung weniger ausgeprägt: Nur etwas mehr als ein Drittel finden es wichtig, dazuzugehören (36 %). Knisternd und volkskirchlich ist diese Spannung. Das Bild von der Kirche bleibt ein Wandgemälde. Noch positiv besetzt und lokal verortet, aber eben nicht mehr fürs eigene Wohnzimmer. Die Kirche wird nicht als Malstudio betrachtet, sondern eher als Museum, nicht als Lebensraum und Aktionsfeld, sondern als Schonraum oder Reservat. Die Kirche wird zum Schatz, den die Jugendlichen nicht mehr heben möchten.

Zwischen Bilden und Aktivieren

Aktivieren und in die Gemeinde integrieren kann der Konfirmandenunterricht offensichtlich nicht, aber er informiert und bildet. Sogar Lernzuwächse konstatiert die Studie: 14 % der Jugendlichen wissen am Ende mehr als bisher. Auch bei klassischen Glaubensaussagen wie „Es gibt ein Leben nach dem Tod" (51 %–58 % bzw. in der EKHN 49 %–57 %) und „Jesus ist auferstanden" (52 %–58 % bzw. in der EKHN 49 %–56 %) gibt es einen dokumentierten Zuwachs. Das lässt sich sicher noch ausbauen, verstärkt allerdings nur das Profil als Bildungsveranstaltung.

Die Konfirmandenzeit soll aber nicht nur informieren, sondern auch Mitglieder gewinnen und binden. Sie soll nicht nur die bildungsbürgerlich Orientierten erreichen, sondern auch die anderen.

Die Inhalte des Konfirmandenunterrichtes sind fremdbestimmt von den Hauptverantwortlichen und den inhaltlichen Leitlinien bzw. religionspädagogischen Konzeptionen jeder Landeskirche. Nur etwa ein Drittel der Jugendlichen fühlen sich bei der Auswahl der Themen der Konfirmandenarbeit beteiligt (29 % in der EKHN), etwas mehr als ein Drittel sehen ihre Glaubensfragen vorkommen (34 % in der EKHN) oder entdecken in den Antworten der Kirche ihre eigenen Fragen wieder (32 % bzw. 39 in der EKHN).

Insgesamt geht der KU also inhaltlich an den Jugendlichen vorbei: an ihrer Lebenswelt, ihren Gedanken und Gefühlen, ihren Fragen und Bedürfnissen. Die Person der Pfarrers / der Pfarrerin mag noch so positiv betrachtet und eingeschätzt werden, zu einem echten Dialog über religiöse Fragen kommt es in der Regel ebenso wenig wie zu einem bewussten Aktivieren.

Die Konfirmandenzeit produziert keine Nachwuchsspieler.
Der Kulturbetrieb Gemeinde hat oft keine Jugendkultur.

Zwischen Fiasko und Erfolgsmodell

Die Konfi-Studie belegt: Mit zunehmender Erfahrung empfinden die Konfirmanden Gottesdienste als langweilig (54 %). Das Ziel der Mitarbeitenden, jugendgemäße Gottesdienste zu feiern (81 %), wird nicht erreicht. Dieses Ergebnis liegt voll im Trend, denn unseren Gottesdiensten eilt der Ruf voraus, langweilig zu sein, ihr Image ist beunruhigend schlecht. Erschreckend – und doch ist der Gottesdienst ein Erfolgsmodell seit 2000 Jahren. Während die Einschaltquoten von Thomas Gottschalk bedrohlich schwinden und manch andere Fernsehsendungen längst abgesetzt wurden, hält sich der Gottesdienst und selbst die Besucherzahlen von allen Bundesligaspielen erreichen nicht die Zahl der bundesdeutschen Gottesdienstbesucher.

Die Attraktivität des Gottesdienstes steigt mit eigener Beteiligung. Was in früheren Jahrhunderten eher die innere Beteiligung war, ist heute die sichtbare Aktion. Wenn die Jugendlichen im Gottesdienst vorkommen, erleben sie ihn als interessant (63 %).

Die Frage bleibt, wie wir als Pfarrer / Pfarrerinnen sie in den Gottesdienst einbinden. In meiner Dorfgemeinde sollten sie in früheren Jahren liturgische Teile übernehmen: Lesung oder Gebet. Das war ihnen oft peinlich. Mein Vorgänger hat die Predigttexte oder -themen im KU mit ihnen vorbesprochen, um dann ihre Gedanken in der Predigt aufgreifen zu können. Ich lasse sie immer wieder geeignete Themen, Geschichten und Lieder vorbereiten und lasse sie dann auch selbst zu Wort kommen.

Da war für mich Hans Martin Lübking mit seiner an der Perikopenreihe orientieren Materialsammlung „Gottesdienst für Jugendliche" (Düsseldorf 1996–2001) Bahn brechend. „Die Orientierung an den Jugendlichen kommt allen Gottesdienstteilnehmern zugute. Sie kann verhindern, dass der Gottesdienst zu einer Veranstaltung für Insider und die Predigt zu einer Rede für Eingeweihte werden" (Band 1, Düsseldorf 1996, 5).

Aber täuschen wir uns nicht: Seit Christen Gottesdienst feiern, hat dieser mehrdimensionalen Charakter. Er richtet sich – werbend, einladend, missionarisch – an Außenstehende, hat aber zugleich und darüber hinaus einen unschätzbaren Wert für das eigene Milieu, die Kerngemeinde. Hier finden die Gläubigen Bestätigung und Stärkung ihres Glaubens, hier suchen sie und pflegen sie ihre Verbindung zu Gott.

Zwischen Wunsch und Wirklichkeit

„Konfi ist klasse – da geht es um mich ganz persönlich", sagt die Schülerin Annia (13) als eine von 18 779 Jugendlichen, die 2007 in der Evangelischen Kirche von Hessen und Nassau konfirmiert wurden. Eine virtuelle Postkarte der Aktion „Meine Lebensart" setzt sie lächelnd in Szene und informiert über das, was die evangelische Kirche macht – z. B. bei der Konfirmation:

Das lateinische Wort *confirmatio* bedeutet *Befestigung, Bekräftigung*. Mit der Konfirmation bestätigen Jugendliche als mündige Christen das Versprechen, das ihre Eltern und Paten bei der Taufe gegeben haben. Damit wird erneut deutlich, dass Gott Ja zu diesem Menschen sagt, ihn so annimmt, wie er ist. Wer konfirmiert ist, gilt als *mündiges Mitglied* der christlichen Gemeinde und entscheidet auf der Grundlage der Bibel selbst über seinen Glauben. – Auf diesen besonderen Tag bereitet der Konfirmandenunterricht vor, der in der Regel etwa ein Jahr dauert. Dabei geht es nicht um Leistungen, sondern insbesondere um Fragen zum Sinn des Lebens, zur Zukunft und zum Glauben. Besonders auf den *Freizeiten* stehen Spaß, Gemeinschaft und Spiritualität im Mittelpunkt. Die Pfarrer oder der Pfarrer und andere Menschen in der Gemeinde geben den Konfirmandinnen und Konfirmanden in dieser Zeit wichtige Impulse.

Dieser „Werbetext" ist gut. Aber nicht unproblematisch. Zum einen geht sein Slogan an der wissenschaftlich erhobenen Situation unserer Konfimandenarbeit vorbei. Zum anderen geraten zwar existenzielle Fragen in den Fokus, allerdings werden die christlichen Antworten nicht positioniert. Stattdessen wird ein Begriff eingeführt, mit dem die Kirche Sprache gebildet hat: Freizeit.

Konfirmandenzeit ist keine Freizeit. Sie geschieht außerhalb der Lebenswelten der Jugendlichen, außerhalb von Schule und Familie, von Gruppen und Vereinen und außerhalb ihrer Computer und Spielkonsolen. Aber eben umgeben von all diesen sozialen und medialen Wirklichkeiten bzw. Lebensbezügen der Jugendlichen. Inhaltsreiche Zeit soll die Konfirmandenzeit sein und Begegnungen ermöglichen mit anderen Menschen und mit Gott.

„Konfirmandenarbeit hilft ..."

Die *Leitlinien* über die Arbeit mit Konfirmanden und Konfirmanden der EKHN von 2003 ordnen die Konfirmandenzeit religionspädagogisch dem Unterricht zu und stellen im Sprachstil amtlicher Verlautbarungen einen Lehrplan auf. Erklärtes Ziel: „Der Konfirmandenunterricht hilft den Jugendlichen, sich in einer ihrer Altersstufe gemäßen Weise mit dem evangelischen Glauben auseinanderzusetzen ..." Lernorte sind:

– informierende und begleitende Elternarbeit

– einladende Gottesdienste

– Lebens- und Arbeitsräume der Gemeinde

– der übergemeindliche Dienst

– Kooperation mit dem schulischen Religionsunterricht und der schulbezogenen Kinder- und Jugendarbeit

– Kontakte zu Einrichtungen der örtlichen Jugendarbeit, sowie der Jugendberatung (§2)

Mit einem situativen religionspädagogischen Ansatz solle die Lebenssituation der Konfirmanden/innen mit der christlichen Tradition verbunden werden. Dabei seien folgende Themen unverzichtbar:

1. Schöpfung

2. Exodus / 10 Gebote

3. Psalmen / Vaterunser

4. Botschaft, Leiden und Tod Jesu

5. Auferstehung und Taufe

6. Glauben / Glaubensbekenntnis / Kirche / Abendmahl (§3)

Und als pädagogische Methoden werden unter dem Stichwort „Wege des Aneignens und Einübens" genannt:

– Bibellesen

– Beten

– Feiern / Singen

– Helfen / Christsein im Alltag / Miteinander leben

– Spiritualität entdecken

– geprägte Stücke einprägen

Als Formen der Arbeit erscheinen (§ 4)

– wöchentliche Unterrichtsstunden (Einzel- und Blockstunden)

– Konfirmandentage

– Freizeiten

– Kurse, Projekte und Praktika mit Wahl- und Pflichtcharakter

– Exkursionen

– Feiern

Die Gruppengröße ist festgelegt: Mindestens 8 Jugendlichen müssen es sein, ab 26 muss die Gruppe geteilt werden. Vereinbarungen und Verbindlichkeiten werden für Gemeinde, Jugendliche und Eltern geklärt (§ 5) und eine Jahresplanung soll die Arbeit für alle transparent machen (§ 6). Den Abschluss bildet ein ganzer Paragraph über die Konfirmation. So steckt also auch meine Kirche den religionspädagogischen Rahmen für meine Konfirmandenarbeit ab: stark schulisch orientiert, aber mit einem hohen Anspruch. Die Konfirmandenarbeit soll in mehrfacher Hinsicht helfen: dem einzelnen Jugendlichen bei der religiösen Identitätsfindung, der Kirche bei der Fortschreibung ihrer Botschaft und Gestalt, der Gemeinde beim Zugewinn von mündigen Mitgliedern und engagierten Mitarbeitern. Konfirmandenarbeit – individuell, lokal und strukturell bedeutend; vielseitig: diakonisch, missionarisch und kybernetisch. Aber sie ist auch sehr verschult!

2.2 Bausteine für eine lebendige Konfirmandenzeit

Konfirmandenjahrgänge gleichen dem Wein. Obwohl die Winzer sich gleich anstrengen, die Technik sogar noch verbessern, das Wetter gut war, der Boden der Erosion standgehalten hat und die Stöcke von keiner Krankheit befallen wurden, ist doch jeder Jahrgang in Gestalt und Geschmack unterschiedlich. Und Jugendliche auf dem Land können anders sein als Jugendliche in der Stadt, je nachdem, wie sie ihre Lebensumstände prägen.

Jugend im Dorf

Dienheim mit seinen 1800 Einwohnern liegt im vom Weinbau geprägten Rheinhessen. Allerdings bestimmt der Weinbau nicht mehr so wie in früheren Jahrhunderten das dörfliche und familiäre Leben. Die Jugendlichen müssen nicht mehr mit ihren Eltern, dem Lehrer und dem Pfarrer ins Feld. Einige Hochleistungsmaschinen der wenigen verbliebenen Vollerwerbsbetriebe übernehmen diese Arbeit. Durch zähes Ringen hat sich der Ort in Zeiten der Zentralisierung seinen eigenen Kindergarten und seine eigene Grundschule erhalten können. Wer hier aufwächst, kennt sich untereinander und wächst in überschaubare Strukturen hinein.

Von der Religionszugehörigkeit sind wohl zwei Drittel evangelisch; der Anteil der Ausländer ist unerheblich. Das Vereinsleben ist vielfältig, auch gibt es einen selbstorganisierten Jugendtreff. Für den Besuch weiterführender Schulen, die Fahrt zu Ausbildungs- und Arbeitsstätten, Kino und Diskobesuch sind Mofas, Autos, Bus und Bahn nötig. Zeitverzögert nehmen unsere Jugendlichen im Dorf an allen gesamtgesellschaftlichen Veränderungen teil: Computer, Handy, Modewellen. Wertewandel, Freizeitverhalten, Patchwork in Familie und Lebenswelt, Arbeitslosigkeit, Suchtverhalten, Alkohol, Drogen, Spielen … Aber durch die relativ kleinen und überschaubaren Jahrgänge erhalten alle Phänomene ein Gesicht und persönlichen Charakter.

Wochenstunden statt Blockunterricht

Die meisten Jugendlichen freuen sich, zwei Jahre nach dem Wechsel auf weiterführende Schule wieder mit einem Teil ihrer ehemaligen Grundschulklasse als Gruppe zusammen zu sein. Sie knüpfen gern, aber auch nicht unproblematisch, an alte Verhaltensmuster an. Die sozialen Positionen aus der Grundschulzeit werden erneut aufgenommen und lassen sich nicht leicht verändern. Das alte Gruppenverhalten ist schnell wieder präsent. Umso wichtiger sind regelmäßige Konfirmandenstunden, die zu einem Wechsel in der Fremd- und Eigenwahrnehmung führen können. Die Kontinuität der wöchentlichen Konfirmandenstunden schafft die Voraussetzung für Verbindlichkeiten und Beziehungen.

Was soll in der Konfirmandenzeit verhandelt werden? Was hat bisher durch die Generationen getragen und einen bleibenden Eindruck hinterlassen? Es sind nicht die Lernstoffe, sondern die Gruppenerfahrungen. Deshalb bin ich für kontinuierliche Konfirmandenstunden. Das schließt Projekte nicht aus und auch nicht die Zusammenarbeit mit anderen Gemeinden.

Erlebnisorientierter Ansatz

Als Lehrer möchte ich theologische Grundinformationen vermitteln, denn ich sehe deutliche Defizite in Sachen religiösem Wissen. Als Pfarrer möchte ich mit den Jugendlichen über Glaubensfragen ins Gespräch kommen, sie sollen erleben, dass religiöses Nachdenken und Reden einfach zum Menschsein gehören. Als Kirchenvorsteher möchte ich, dass die Jugendlichen einen guten Eindruck von unserer Gemeinde mit auf ihren Lebensweg nehmen – und die Erkenntnis, dass sie in der Kirche jederzeit willkommen sind und auch gebraucht werden. Also versuchen wir uns bei unserer Themenauswahl, die ohnehin immer nur exemplarisch sein kann, an der Gruppe zu orientieren, möglichst viele Erfahrungs- und Erlebniselemente einzubauen, und nehmen als roten Faden das Kirchenjahr oder die Lebensstationen.

Einige Themen sind uns besonders ans Herz gewachsen, für die es auch immer wieder hervorragendes Vorbereitungsmaterial gibt. So lassen wir uns regelmäßig auf vier Schwerpunkte ein:

– Wir beschäftigen wir uns mit dem Thema des jeweiligen Weltgebetstags (im März). Die Materialien erlauben es, die Situation in einem fernen Land zu betrachten und zu erarbeiten. Die Mädchen und ihre Mütter werden ebenso wie die katholischen Firmlinge und ihre Eltern zusammen in die Gestaltung eingebunden. Ein ökumenisches Projekt!

– In der Passionszeit gestalten wir einen Jugendkreuzweg. Unter Verwendung der von Arbeitsgemeinschaft Evangelische Jugend und dem Bund der katholischen Jugend herausgegebenen Materialien gestalten wir zu Stichworten aus der Passionsgeschichte einen Kreuzweg.

– Vor oder in dem Diakoniemonat September bearbeiten wir ein soziales bzw. diakonisches Thema. Dazu finden sich im Jahresheft „Danken und Dienen" des Diakonischen Werkes der EKD immer Anregungen. Auch ältere Hefte sind interessant, z. B. Angehörige pflegen (DD 1996), Obdachlose (DD 1997), Gewalt (DD 1993) usw.

– Vor den Sommerferien widmen wir uns einem entwicklungspolitischen Thema, z. B. der Kinderarbeit, dem Thema „Schokolade" usw. Die Jahresmaterialien von „Brot für die Welt", „Misereor" und „Transfair" bieten eine Fülle von Möglichkeiten.

Der Rahmen

Unser KU ist einjährig, beginnt im Mai kurz vor der Konfirmation der „Alten" und endet im kommenden Mai. Als Pfarrer gestalte ich ihn zusammen mit einer Kirchenvorsteherin, gelegentlich wirken Gäste mit. Ehemalige Konfis sind immer wieder einmal zu Besuch.

In der Mitte des Raumes finden sich immer Fladenbrot und Traubensaft, die in der Pause verzehrt werden. Eine einfache Vorform des Abendmahls. Monatsweise sammeln wir von den Konfis Traubensaft ein, das Brot bringe ich mit. Wir üben uns im Ausschenken und Verteilen, so dass es für alle reicht. Benutzen bald einen oder zwei große Kelche, bald kleine Becher.

Nach einer informellen Begrüßungs- und Gesprächsrunde beginnt der KU mit einem Lied und dem Lesen eines Psalms. Dann gibt es Einzel- und Gruppenarbeit und je nach den Themen unterschiedliche Methoden. Nach etwa 45 Minuten gibt es Brot und Wein und eine Pause. Oft wird im letzten Drittel gespielt. Alles endet mit dem gemeinsamen Vaterunser.

Exkursionen

Zum Entdecken der kirchlichen Vielfalt und Tiefe unternehmen wir Exkursionen. Angefangen hat alles mit dem örtlichen Bestatter und dann einem alternativen Bestattungsinstitut in der nächsten Stadt. Die Liste der Orte hat sich im Laufe der Jahre erweitert. Wir nutzen die Chancen, die sich bieten. Inzwischen müssen wir gut auswählen, was wirklich sinnvoll ist. Einige Beispiele:

Ort	Thema
Kinderstation Hildegardis / Krankenhausseelsorge	Geburt / Krankheit
Nieder Ramstädter Diakonie / Kreuznacher Diakonie	Leben mit Behinderung
Sozialstation Nierstein-Oppenheim	Häusliche Krankenpflege
Diakonisches Werk Oppenheim	Suchtberatung

Ort	Thema
Eine-Welt-Laden Nierstein	Entwicklungshilfe
Jugendhaus Oppenheim	Versteckte Angebote
Erlebniswelt Schloss Freudenberg Wiesbaden	Mit allen Sinnen leben
Chagallfenster St. Stephan, Mainz	Bibel sehen
Bibelmuseum Mainz / Bibelhaus Frankfurt	Bibel erleben
Pro Familia Mainz / Schwangerenberatung des DW	Liebe, Lust und Leidenschaft
Bestattungsinstitut Grünewald & Baum Mainz	Tod und Sterben
GoSpecial Nieder-Höchststadt	Besondere Gottesdienste
Taizégottesdienst Mainz	Ökumene singen

Feste Projekte im Gemeindeleben

Unsere Konfis übernehmen Verantwortung für einige feste Aufgaben:

Was?	Im Herbst für das Diakonische Werk Geld sammeln
Kommentar:	Eigentlich ist dies vom Sammlungsgesetz her in diesem Alter nicht erlaubt; wir sind also auf erwachsene Begleiter angewiesen (mühsam!)

Was?	Viermal im Jahr die Kirchenzeitung austragen
Kommentar:	So gelangt die Mitgliederzeitung unserer Landeskirche geht so an die entsprechenden Personen und Haushalte.

Was?	Beim ev. oder kath. Gemeindefest mitarbeiten
Kommentar:	Hier werden immer wieder Hände gebraucht für Bücherflohmarkt, Kinderspiele usw. Auch bei Kuchen- und Getränke-Ausgabe können Konfis mitwirken.

Was?	Für den Erntedank-Gottesdienst Brot backen
Kommentar:	Seit einigen Jahren backen die Konfis mit Kirchenvorstehern oder Müttern das Abendmahlsbrot für den Erntedankgottesdienst.

Was?	Beim Künstler-Markt die Kuchentheke organisieren
Kommentar:	Schon bald 20 Jahre organisieren am Totensonntag örtliche Künstler in unserem Gemeindehaus einen Verkaufsmarkt. Die Konfis verkaufen Mittagessen / Kuchen.

Was?	Einen Brot-für-die-Welt-Stand anbieten
Kommentar:	Beispielsweise im Anschluss an den Gottesdienst oder bei irgendwelchen Festen im Ort oder beim Weihnachtsmarkt der Ortsgemeinde.

Weitere Aktionen wären denkbar: ein Theaterspiel für den Seniorennachmittag der Kirchengemeinde oder der Ortsgemeinde. Auch das Krippenspiel könnten die Konfirmanden gestalten oder die, die im folgenden Jahr zur Konfirmandenzeit beginnen (gleichsam als Einstieg in die Gruppe).

Abendmahl

Im traditionellen Denken des Dorfes bildet das Abendmahl den Abschluss der Konfi-Zeit. Mit ihrer Einsegnung sind die Jugendlichen zum Abendmahl zugelassen. Dieses Abendmahl bleibt für lange Zeit das einzige, an dem sie teilnehmen. Leider, sagte über viele Jahrzehnte unser Kirchenvorstand und konnte sich doch nicht zu einer Öffnung entschließen.

Als die Konfis zum ersten Mal für das Erntedankfest das Abendmahlbrot gebacken hatten und spontan im Gottesdienst auch zum Abendmahl gehen wollten, habe ich als Pfarrer ihnen das Abendmahl ausgeteilt. Die Aufregung im Kirchenvorstand, bei Eltern und in Gemeindegruppen war groß, die anschließende Diskussion aber fruchtbar. Heute gehen die Konfis auch allein und vor ihrer Konfirmation zum Abendmahl.

Taufe und Lebenspraxis machen uns zu Christen, nicht die Kirchenordnung. Jesus sagt: „Kommt her zu mir alle, die ihr mühselig und beladen seid, ich will euch erquicken." Dieses Wort steht auf unserem Altarkreuz.

Weitere Gruppenaktionen

1.	Ein Haus für alle – Kirchenerkundung
2.	Was macht ihr eigentlich? Was denken Sie? Mitarbeiterbefragung
3.	Erster Blick ins Gesangbuch / Liedersingen mit der Kantorin
4.	Spielnachmittag mit den Konfirmierten des letzten Jahrgangs
5.	Spielabend mit einem Pfarrer von den Herrnhutern oder im Jugendhaus
6.	Zelten im Garten einer Kirchenvorsteherin
7.	Lesenacht zum Alten Testament in der Kirche
8.	Lesenacht zum Neuen Testament im Gemeindehaus
9.	Kinobesuch und Pizza- oder Eisessen
10.	Konzertbesuch eines christlichen Liedermachers

Grundtexte zum Auswendiglernen

Das Konfi-Leben besteht nicht nur aus Aktion. Jeden Monat gibt es einen anderen Text zum Auswendiglernen. „Rucksackwissen für harte Tage", sagen die einen. Diese Bausteine kommen in den entsprechenden Monaten im Gottesdienst und in den Konfi-Stunden vor. Abgefragt werden sie unterschiedlich, bald in der Gesamtgruppe, bald individuell, teils monatlich, teils in größeren Abständen. Bewährt hat sich das Vortragen vor Kirchenvorsteher/innen. Beide Seiten erfahren dadurch Aufmerksamkeit und Würdigung.

Wann?	Was?
Juni	Glaubensbekenntnis
Juli	Geh aus, mein Herz, EG 503, 1, 8, 14 oder EG 170, Komm, Herr, segne uns
August	Jesu Seligpreisungen
September	EG 432 Gott gab uns Atem (o.Ä.)
Oktober	Psalm 121 oder Psalm 139
November	Die Zehn Gebote oder 1 Korinther 13
Dezember	Psalm 23 oder aaronitischer Segen
Januar	Ins Wasser fällt ein Stein, EG 645 (o.Ä.)
Februar	Psalm 8 oder Psalm 103
März	O Haupt voll ..., EG 85, 1 und 9 oder: Befiehl du deine Wege, EG 361, 1 und 12
April	Jesu, geh voran, EG 391

Freizeit

Freizeitelemente finden sich in vielen unserer Programmpunkte. Außerdem gibt es Wochenendfreizeiten, die gern und vollständig besucht werden, eine gelingende Mischung aus Gruppendynamik und Themenorientierung.

Vorbereitung des Vorstellungsgottesdienstes

Den Vorstellungsgottesdienst bereiten die Konfis an einem verlängerten Wochenende im Gemeindehaus vor. Zwei Kirchenvorsteher helfen dabei. Zusammen entwerfen sie alle liturgischen Texte, schreiben einen Psalm neu, formulieren ein Glaubenbekenntnis und gestalten ein Thema.

Elternarbeit

Vieles ist denkbar, aber nicht alles machbar. Es gibt einen Abend mit den künftigen Konfis und ihren Eltern zur Information und Anmeldung. Beim Konfi-Zelten wird meistens vorher zusammen mit den Eltern gegrillt oder morgens mit einigen gefrühstückt. Gegen Ende der Konfi-Zeit treffen sich die Eltern zum Rückblick und zur Vorbereitung der Konfirmation. Bei besonders für Konfis und ihre Eltern gestalteten Sonntagsgottesdiensten kamen leider nie sehr viele Eltern. Bei anderen Aktivitäten sind sie leichter zu erreichen.

Infoabend

Die Konfirmandenzeit beginnt mit einem Info-Abend. Die Jugendlichen und ihre Eltern werden dazu eingeladen. Alle sollen wissen, auf was und auf wen sie sich einlassen und wer mit von der Partie ist.

Der Info-Abend verwendet Elemente aus dem Konfirmandenunterricht. Im Raum stehen im Kreis nur wenige Stühle im weiten Kreis. Freundlich begrüßt können die ersten Jugendlichen und ihre Eltern Platz nehmen, die nächsten holen sich Stühle dazu. In der Mitte steht ein großer Korb bzw. eine große Kiste mit vielen Gegenständen, die ich als Symbole für die Konfirmandenarbeit benutze. Einige Beispiele:

Gegenstand	Worum es in der Konfirmandenzeit geht
Glühbirne / Topf Schnittlauch	Um Gott, der Licht anmachte und für das Leben sorgt
Jesus-Video	Um Jesus Christus, Sohn Gottes, Freund der Menschen
Bronzeglocke / Plastikfigur	Um die Kirche, die Menschen, die in seinen Fußspuren leben
Fernglas, Bibel, Gesangbuch	Um das, was zum christlichen Leben dazugehört
Babyschuh, Grabschleife	Um das, was zum Leben dazu gehört
Flasche mit Puzzleteilen	Um jeden Einzelnen und die Gruppe
Softball (wird geworfen)	Um ein lebendiges Miteinander – u. a. auch mit den Eltern

Jugendliche und Eltern, die Geschwister im KU hatten, können eigene Erfahrungen beitragen. Am Ende erhalten die Jugendlichen und ihre Eltern alles Wesentliche schriftlich und können sich anmelden. Dabei entrichten sie eine Gebühr, mit Arbeitsmaterialien und Eintritte bei Exkursionen beglichen werden. Die Anmeldung hat Vertragscharakter.

Abschluss

Viele Kirchenvorsteher und Gemeindemitglieder bedauern den Verlust der Jugend nach der Konfirmandenzeit. Noch vor hundert Jahren saß die halbe Dorfschule im Gottesdienst. Allerdings mehr unfreiwillig. Wir müssen uns eingestehen: Wir haben nicht die richtigen Angebote für sie.

In unserer kleinen Gemeinde gibt es außer einem großen Posaunenchor mit Jugendorchester keine Jugendgruppe und die bestehenden Gruppen sind für Jugendliche einfach nicht interessant. Manche Aufgaben sind schon durch wesentlich ältere Gemeindemitglieder besetzt, die passenden Ansprechpartner fehlen und kontinuierliche Verpflichtungen wollen viele nicht mehr übernehmen.

Wir versuchen in unserer volkskirchlichen Situation auf dem Dorf mit unserem KU den Spagat, zum einen unseren Konfirmanden gerecht zu werden und zum anderen unserer Tradition. Einmal gelingt uns dies mehr, mal weniger. Insgesamt werfen wir Samen aus, der erst später aufgeht. Konfer ist klasse. Studien hin oder her.

Gottesdienste mit Konfirmandinnen und Konfirmanden

3 Vorstellungsgottesdienste

Vorstellungen sind eine Prüfung für Pfarrer und Mitarbeiter ebenso wie für die Konfirmanden. Die alten Formen des Abfragens wurden zwar durch die Formen des Gestaltens ersetzt. Aber leichter ist es dadurch für keinen geworden. Die Konfirmanden möchten eigentlich nicht vor anderen etwas vortragen oder tun. Es ist für sie ungewohnt, entspricht nicht ihrer Entwicklung und ist ihnen peinlich. Pfarrer/innen und Mitarbeiter/innen wollen Eltern, Kirchenvorstehern und der Gemeinde einen „schönen" Gottesdienst präsentieren. Eltern möchten gern sehen, dass ihre Kinder gut dastehen, und Kirchenvorsteher wollen erkennen können, was die Jugendlichen während der Konfirmandenzeit gemacht haben, denken und glauben.

Unterschiedliche Erwartungen und Erfahrungen prägen Vorstellungsgottesdienste.

Grundsätzlich sind unsere Gottesdienste wortorientiert. Die Bibel mit ihren Texten ist unsere Grundlage. Lebensthemen werden hier verankert. Wir machen Worte: lesen sie, hören sie, predigen, singen und beten. Zunehmend sind damit einzelne Konfirmanden überfordert. Auch bei der Gestaltung von Elementen für den Vorstellungsgottesdienst.

Wir müssen den Vorstellungsgottesdienst daher von den Jugendlichen her planen, mit den Jugendlichen und vor allem als Gruppenprozess. Ein verlängertes Wochenende mit konkreten Aufgaben der Vorbereitung hat sich bewährt.

Mit einsprechender Vorbereitung gelingt es den Jugendlichen, in Kleingruppen Verantwortung für die entscheidenden liturgischen Elemente zu übernehmen, sie zu entwickeln und dann im Gottesdienst zu gestalten. Der Vorstellungsgottesdienst erhält ein ganz eigenes Gesicht – das der jugendlichen Hauptakteure. Wenn es dann noch Taufen gibt, wird er für alle zum Fest.

3.1 Ein Seminar zur Vorbereitung des Vorstellungsgottesdienstes

Rahmen

Wir bereiten den Vorstellungsgottesdienst in einem Seminar vor und treffen uns 2½ Tage in unserem Gemeindehaus. Zum Auftakt machen wir einen Ausflug auf die Eisbahn, ins Schwimmbad oder zum Bowlingspielen. Das soll das Gruppengefühl stärken; die Konfis haben die Wahl. Die Eltern sind beim Fahrdienst behilflich.

Die beiden Arbeitstage haben die gleiche Struktur:

Gemeinsamer Beginn	9 Uhr
Vormittagsarbeit in mehreren Einheiten	
Mittagessen und Pause	13 Uhr
Nachmittagsarbeit in mehreren Einheiten	15 Uhr
Gemeinsamer Abschluss	18 Uhr

Anfang und Ende

Gemeinsamer Beginn: Sitzrunde im Kreis. In der Mitte stehen ein Kerzenständer und ein kleiner Tisch mit Bibel und Blumen. Jeder bekommt ein Gesangbuch bzw. ein Liederheft. In der Runde kann jeder sagen, was er am Tag zuvor erlebt hat. Wir singen ein Lied und lesen einen Psalm im Wechsel. Eventuell kommt eine Geschichte oder eine meditative Übung hinzu. Dann wird vorgestellt, was auf dem Programm steht. Mit dem Raumwechsel beginnt die erste Arbeitseinheit.

Gemeinsamer Abschluss: Im (wiederhergestellten) Anfangskreis. Jeder darf sagen, was er besonders gut fand oder was ihm nicht gefallen hat. Die Antworten werden nicht kommentiert oder bewertet. Kurze Zusammenfassung dessen, was gewesen ist oder was noch offen ist. Lied und Gebet. Gemeinsam im Stehen und mit den Händen verbunden: Vaterunser und Segen.

Essen

Mittagessen: Mit verschiedenen Möglichkeiten haben wir gute Erfahrungen gemacht: Am ersten Tag dürfen alle Konfis zum Essen nach Hause gehen. Am zweiten Tag wird eine Pizza geholt. Oder die Konfis kochen mit einem Mitarbeiter. Oder eine Frau aus der Gemeinde kocht für die Konfis. Durch das Selbstkochen bekommt das Essen noch eine andere Qualität. Es ist gruppen- und allerdings auch zeitintensiv.

Auf alle Fälle sollen die Konfis den Tisch festlich decken, z. B. mit Tischdecken, Kerzen und Blumen. Wir beginnen gemeinsam – mit Lied oder Gebet.

Imbiss: Auf einem Küchenwagen stehen den ganzen Tag über Getränke: Sprudel, Apfel- und Orangensaft. Außerdem gibt es frisches Obst und Kekse. Für den Nachmittag bitten wir die Konfis bzw. ihre Eltern um selbstgebackenen Kuchen.

Den Abwasch besorgt die Spülmaschine, ihr Einräumen und den Tischdienst erledigen die Konfis.

Pausen und Spiele

Zwischen den einzelnen Arbeitseinheiten gibt es Spielpausen. In der gesamten Gruppe wird ein beliebtes Spiel drinnen oder draußen, möglichst mit Bewegung, gespielt.

Die Mittagspause ist frei. Hier sollen sich die Konfis selbst organisieren: reden und gammeln, Fußball spielen, auf den Spielplatz gehen, auf der Wiese liegen, Musik hören oder machen, Tischfußball oder Brettspiele.

Abendprogramm und Übernachtung

Übernachtungen sind in unserem Gemeindehaus möglich. Auch können abends noch Videos angeschaut werden. In der Regel sehen wir bei unserem Seminar kein Abendprogramm vor. Mitarbeiter und Konfis sollen nicht durch Programmfülle überstrapaziert werden.

Thema und Vorbereitung

Bisher hat sich das Thema unseres Vorstellungsgottesdienstes immer aus der Konfirmandenzeit entwickelt. Es stand in Bezug zur Gruppensituation oder Zeitereignissen.

Aktualitäten	Thema des Gottesdienstes
Tschernobyl war 10 Jahre her und in unserer Nähe steht ein Atomkraftwerk.	Erinnern und Nachdenken über Atomkraft
Im Ort gab es „dumme Streiche" von Jugendlichen und die Gruppe gestaltete sich problematisch.	Gebote und Lebensregeln
In den Schulen und auch in der Gruppe wurden „Markenklamotten" wichtig.	Werbung
In der Gruppe brach Streit aus, zwei Parteien entstanden.	Gruppenverhalten
Die Gruppe sah einen Bibelfilm über Mose.	Moses Weg und die eigenen Wege
Die Konfirmanden kamen schon beim Erntedankfest zum Abendmahl. / BSE trat auf und beschäftigte alle.	Rinderwahn und Abendmahl
Nach dem Besuch von Entbindungsstation und Bestattungsunternehmen wollten die Leiter „daraus etwas machen".	Leben von der Wiege bis zur Bahre

Es ist die Kunst des Pfarrers oder Mitarbeiters, ein Thema aus der Gruppe oder Zeit aufzugreifen und zur Bearbeitung vorzubereiten. Natürlich könnte man auch (mit oder ohne die Konfis) gegen Ende der Konfirmandenzeit einen Katalog von Themen zusammenstellen, aus denen dann eines zur Bearbeitung ausgewählt wird.

Organisation und Weiterarbeit

Planung, Vorbereitung und Organisation des Seminars lagen meist in einer Hand. Genauso gut denkbar ist ein Team aus Haupt- und Ehrenamtlichen. Mit Rücksicht auf die Konfis sollten die Eltern jedoch eher unbeteiligt bleiben.

Alle Ergebnisse des Seminars werden als Text- oder Arbeitsblatt, Plakat oder Bild an der Wand dokumentiert. Alle Texte werden in den PC eingegeben. Das können die Leiter oder die Konfis selbst übernehmen. Die Leitung bringt alle Texte in eine für den Gottesdienst geeignete Reihenfolge. Eventuell finden sich noch Lücken, die gefüllt werden müssen. Aufgaben aus dem Seminar sind vielleicht noch offen. Beides wird in den nächsten Konfirmandenstunden erledigt oder als Hausaufgabe verteilt.

Textwerkstatt mit offenen Fragen

Um Themen reproduzierbar zu bearbeiten oder Lebenssituationen zu beschreiben, eignet sich besonders gut eine Textwerkstatt mit offenen Fragen. Die Vorgaben kommen von der Leitung. Es müssen Aussagen sein, die offen sind und anregen zum Nachdenken und Ergänzen, zum Weiterspinnen und Widersprechen. Die Leitung sucht sich für ihre Arbeitseinheiten thematisch passende offene Anfänge aus. Beispiele:

Gott ist wie … / Der Pfarrer sagt: … / Mein Bruder denkt … / In die Schule gehen, ist …

Wenn ich zaubern könnte, dann … / Ich wünsche mir … / Ich freue mich über …

Ich kann es nicht leiden, wenn … / Es stinkt mir, dass … / In einer Familie, da …

Anfang: Alle sitzen an Tischen. Die Gruppe sollte nicht größer als 15 Personen sein. Bunte Stifte werden ausgegeben. Jeder kann mehrere Farben wählen. Jeder bekommt vom Leiter ein Blatt mit einem offenen Satz.

Arbeitsauftrag:

> Vollende den angefangenen Satz mit einem passenden Gedanken von dir. Und dann gib das Blatt an deinen linken Nachbarn weiter. Von deinem rechten Nachbarn bekommst du irgendwann ein neues Blatt.
>
> Lasst euch Zeit. Lest in aller Ruhe die Sätze der anderen. Aber kommentiert und beurteilt sie nicht laut. Schreibt nur Neues auf und keine Wiederholungen. Wenn euch nichts einfällt, gebt es weiter.

Das von der stillen Schreibmeditation übernommene System ist anregend und interaktiv. Erfahrungsgemäß entwickelt sich schon werden des Schreibens ein thematisches Gespräch zwischen den Nachbarn. Oft gibt es auch Überlegungen, wer was geschrieben hat, und Rückfragen.

Wenn jeder sein Ausgangsblatt wieder hat, soll er still die Ergänzungen der anderen lesen. Wer mag, kann dann sein Blatt vorlesen. Oder auch nur drei der wichtigsten Aussagen auswählen. Eine Gesprächsrunde schließt sich an.

Weiterarbeit: Um daraus Texte für die Vorstellung zu machen, müssen die Sammlungen redaktionell überarbeitet werden. Dazu bietet sich an: Jeder bearbeitet ein bzw. mehrer Blätter, die Blätter werden in kleinen Gruppen bearbeitet oder allein von der Leitung.

Vorgehensweise: Zuerst werden Wiederholungen, Dopplungen, Unverständliches oder eindeutig missverstandene Einträge herausgestrichen. Die verbleibenden Sätze werden sortiert und eventuell sprachlich vereinfacht (Subjekt, Prädikat, Objekt). Sinnverwandte und sich ergänzende Beiträge werden verbunden (mit „und", „oder", „aber") und alle in eine neue logische Reihenfolge gebracht. Im Folgenden ein Beispiel – die Originalbeiträge und das, was wir daraus gemacht haben:

Ich liebe	meinen Freund – mich – nee, überhaupt nicht / meinen Freund – das Leben – die Ferien – die Freizeiten – den Sommer – Wasserski / meinen Freund – Susi, mein Pferd – meine Freundin – Anne – die Tussi? / meine Oma – bist du blöd

Ich liebe das Leben, / den Sommer und Wasserski,
die Ferien und Freizeiten

Ich liebe mein Pferd, / und alles, was ich habe.

Ich liebe. / Ich liebe mich. / Ich liebe mich überhaupt nicht.

Aus der ursprünglichen Sammlung können auch zwei Blöcke mit je einer Überschrift entstehen. Die beiden Textblöcke können sich ergänzen oder auch widersprechen.

Weitere Möglichkeiten: Thematisch ähnliche Anfangsblätter können zusammengefasst werden. An Stelle der ursprünglichen Ich-Form kann es auch geraten sein, die Wir-Form zu wählen. Oder eine ergänzenden Satz einzufügen. Beispiel (wiederum Original und Bearbeitung):

Was an mir hängt	meine Familie – meine Freunde – meine Klassenkameraden – meine Großeltern – mein Hund – mein Hamster – mein Pony – die Natur

Woran ich hänge	am PC – am Fernseher – am Telefon – an der Musik – an Büchern – im Bett – im Zimmer – am Tanzen – am Training – am Jugendhaus – an den Freizeiten – am Spaß mit anderen

Wir sind nicht allein auf der Welt

Was alles an uns hängt und / woran wir hängen:

an unserer Familie, / an unseren Freunden,

an unseren Klassenkameraden, / an unseren Großeltern,

an unseren Haustieren, / an der Natur.

Woran wir hängen:

am PC, am Fernseher, / am Telefon, an der Musik,

an Büchern, im Bett, / im Zimmer.

Woran wir auch hängen:

am Tanzen, am Training, / am Jugendhaus, an den Freizeiten,

am Spaß mit anderen.

Manchmal eröffnet sich durch Übertragung ein verblüffender neuer Sinn, wenn eine Überschrift durch eine andere ersetzt wird. Beispiel: Setzen Sie wahlweise „Mein Freund" in das graue Feld oder „Jesus" oder „Gott" …

	ist cool – versteht mich – ich kann mit ihm reden – liebt mich – und ich liebe ihn.

Zum Schluss müssen die Überarbeiter überlegen, ob der so entstandene Text sich besser von einem oder von mehreren vorlesen lässt.

Erweiterungsmöglichkeit: Auf die gleiche Weise lassen sich in Gruppen Gebete formulieren oder biblische Texte mit eigenen Erfahrungen und Alltagswissen füllen bzw. aneignen.

Zum Beispiel werden die Personen einer Geschichte so erschlossen (Beispiel Zachäus):

1.	Keiner zahlt gern Steuer, weil …
2.	Zollbeamte sind …
3.	Zachäus war allein …
4.	Die Leute denken über Zachäus …
5.	Zachäus denkt …

6.	Ich möchte gern reich sein, denn …
7.	Ich möchte gern groß sein, denn …
8.	Zachäus hört von Jesus und will …
9.	Die Leute sehen Zachäus und sagen …
10.	Menschen sind grausam, wenn sie …
11.	Jesu sieht Zachäus und …
12.	Jesus sagt …

Liturgische Bausteine gestalten

Alles, was zur Liturgie des Gottesdienstes gehört, wird in Kleingruppen erarbeitet. Es ist hilfreich, wenn jede Kleingruppe einen Begleiter hat. Die Gruppen erhalten Arbeitsblätter:

1. Begrüßen und verabschieden; 2. Einen Psalm umdichten;

3. Ein Glaubensbekenntnis formulieren; 4. Fürbitten vorbereiten;

5. Musik und Lieder aussuchen.

ARBEITSBLATT 1
Begrüßen und verabschieden

a. Begrüßen

Wenn ich zum Geburtstag eingeladen bin, begrüßt mich das Geburtstagskind an der Tür: „Hallo!" und ich sage „Hallo! Herzlichen Glückwunsch zum Geburtstag!" – Im Gottesdienst gibt es auch so ein Wechselspiel: Der Pfarrer sagt etwas und die anderen antworten. Der Gottesdienst beginnt nicht im Namen des Sportvereines oder des Kirchenvorstandes, sondern im Namen Gottes. Er soll unter allen wirken, die da sind.

Eröffnung in der Kirche

Einer	Wir sind zusammen: Im Namen Gottes, des Vaters, des Sohnes und des Heiligen Geistes.
Alle	Amen.
Einer	Unsere Hilfe kommt von Gott,
Alle	der Himmel und Erde gemacht hat.
Einer	Der Herr sei mit euch!
Alle	Und mit deinem Geist.

Aufgabe

Entscheidet, wie ihr die Gemeinde begrüßen wollt. Ihr könnt auch Umschreibungen und Ergänzungen suchen, zum Beispiel:

Wir denken an Gott, der wie … ist

und an Jesus, der …

und wollen, dass sein guter Geist …

Zur Begrüßung gehört auch, dass ihr das Thema des Gottesdienstes nennt und dass ihr euch, die Konfi-Gruppe, vorstellt.

b. Verabschieden

Wenn wir nach dem Geburtstag nach Hause gehen, sagen wir vielleicht „Tschüß! Und mach's gut!" Ein Fernsehmoderator sagt am Ende seine Sendung immer: „Passen Sie gut auf sich auf!" Beides sind gute Wünsche. Wünsche sind kleine Segensformen. – Am Ende des Gottesdienstes spricht der Pfarrer / die Pfarrerin den Segen. Einer sagt den anderen Gottes Beistand und Kraft zu. Gott, der stärker ist als alles Böse in der Welt, verspricht uns seine Treue. Früher haben die Menschen sich bei jedem Abschied gesegnet. Wir leben von und mit Gottes Segen und den guten Wünschen der anderen.

Ein sehr alter Segen

Der Herr segne dich und behüte dich.
Der Herr lasse sein Angesicht leuchten über dir und sei dir gnädig.
Der Herr erhebe sein Angesicht auf dich und gebe dir Frieden.

Segen aus der Gegenwart

Gott, der alles Leben liebt, / beschütze uns.
Jesus, der unser Freund ist, / begleite uns.
Gottes guter Geist stärke uns / auf allen Wegen
und schenke uns Frieden.
Gottes Segen leuchte euch / wie das Licht am Ostermorgen.
Gottes Frieden begleite euch. / Gottes Liebe beflügle euch.
Gottes Freude rühre euch an.

Aufgabe

Fasst den alten Segen in eigene Worte. Beispiel: Gott geht jetzt mit uns …

Ihr könnt auch zwischen die alten Worte eure Ideen einfügen, zum Beispiel: Der Herr segne uns und behüte uns. / Guter Gott, bleibe bei uns, damit uns nichts passiert …

oder einen ganz neuen Segen zu schreiben.

ARBEITSBLATT 2
Einen Psalm umschreiben

Psalmen sind Gebete. Sie wurden vor über 2000 Jahre gesprochen. Das ganze Leben kommt in ihnen vor – in der Sprache vergangener Zeiten. Die Psalmen stehen in der Bibel und werden von Christen ebenso wie von Juden gebetet. Sie werden immer wieder neu übersetzt.

In der Bibel steht: Psalm 23	Ein Berufsschüler dichtete ihn um:
Der Herr ist mein Hirte, mir wird nichts mangeln.	Der Herr ist mein Chef, mir wird nichts mangeln.
Er weidet mich auf einer grünen Auge	Er lässt mich arbeiten in seinem Betrieb
und führet mich zum frischen Wasser.	und bezahlt mir meine Arbeit gut.
Er erquicket meine Seele.	Er kündigt mir nicht.
Er führt mich auf rechter Straße	Er lässt mich weiterhin kommen,
um seines Namens willen.	um die Stabilität seines Betriebes zu beweisen.
Und ob ich schon wanderte	Und ob ich schon krank war,
im finstern Tal, fürchte ich kein Unglück;	fürchte ich keine Kündigung,
denn du bist bei mir,	denn du bist bei mir, dein Fachkräftemangel
dein Stecken und Stab trösten mich.	und deine Auftragsflut retten mich.
Du bereitest vor mir einen Tisch	Du lobst mich
im Angesicht meiner Feinde.	und gabst mir eine Gehaltserhöhung
Du salbst mein Haupt mit Öl	im Angesicht meiner Kollegen.
und schenkest mir voll ein.	Du gabst mir mehr Urlaub.
Gutes und Barmherzigkeit	Gutes und Barmherzigkeit
werden mir folgen mein Leben lang,	werden mir folgen mein Leben lang,
und ich werde bleiben	und ich werde bleiben
im Hause des Herrn immerdar.	im Betrieb meines Chefs für immer.

Aufgabe

Lies in der Bibel den Psalm X (vom Textblatt). Hat der Psalm ein Thema, einen roten Faden, eine Grundmelodie? Entwirf zu einzelnen Teilen oder Versen ein einfaches Bild. Mache Fragezeichen an Stellen, die dir unklar sind. Mache Ausrufezeichen an Stellen, die dir gefallen. Streiche, was du überflüssig findest, mit Bleistift weg.

Besprecht eure Änderungen. Geht Vers für Vers durch und schreibt die Sätze in eigenen Worten. Malt gemeinsam ein Bild zu eurem Psalm.

ARBEITSBLATT 3

Ein neues Glaubensbekenntnis schreiben

Schon früh haben die Christen versucht, das, was ihnen wichtig ist, in Worte zu fassen. Das war nicht immer leicht. – Das bekannteste Glaubensbekenntnis stammt aus dem 5. Jahrhundert und hat drei Teile: Ich glaube an Gott / an Jesus Christus / an den Heiligen Geist. Ursprünglich bestand es aus Fragen: „Glaubst du an … ?" „Glaubst du, dass …?" Den Erwachsenen, die sich taufen lassen wollten, wurden diese Fragen vorgelesen. Sie antworteten: „Ja, ich glaube."

Das Apostolische Glaubensbekenntnis	Ein modernes Glaubensbekenntnis
Ich glaube an Gott den Vater, den Allmächtigen, den Schöpfer des Himmels und der Erden. Und an Jesus Christus, seinen eingeboren Sohn, unsern Herrn, … Ich glaube an den Heiligen Geist, die heilige christliche Kirche, …	Wir bekennen, dass Gott uns geschaffen hat und alles Leben liebt. Er will, dass wir glücklich werden. Die ganze Welt überlässt er uns. Wir tragen Verantwortung für uns, die anderen Menschen und die Natur. / Wir bekennen, dass unser Leben einen Sinn hat, wenn wir wie Jesus leben. Er half vielen Menschen und starb für seine Freunde. Gott ließ ihn von den Toden auferstehen. Die Liebe zählt. / Wir bekennen, dass wir nicht alles allein können. Wir brauchen die anderen unsere Familien und Freunde, aber auch die Gemeinschaft in der Kirche. Gottes guter Geist stärkt uns. Amen

Aufgabe

Sage das Glaubensbekenntnis auswendig auf. Notiere Sätze, die du besonders wichtig findest. Entscheide, was du weglassen würdest. – Beantwortet einander folgende Fragen: 1.1 Wer ist Jesus? 1.2. Was weißt du von seinem Leben? 1.3. Was bedeutet seine Auferstehung? 2.1 Was weist du von Gott? 2.2 Was will Gott? 2.3 Was hat er gemacht? 3.1 Was ist die Kirche? 3.2 Was braucht jede gute Gemeinschaft? 3.3 Was hoffst du?

Lest moderne Glaubensbekenntnisse (im Gesangbuch). Schreibt Sätze, die euch gut gefallen, heraus. Vergleicht sie mit euren Antworten und dem alten Glaubensbekenntnis. Verfasst ein eigenes Glaubensbekenntnis.

ARBEITSBLATT 4
Fürbitten entwerfen

Wenn es mir gut geht, könnte ich singen und tanzen. Wenn es mir schlecht geht, lasse ich den Kopf hängen. Wenn etwas schwierig ist, stöhne ich. Wenn ich Angst habe, rutscht mir das Herz in die Hose. Wenn Freunde krank werden, bin ich traurig. – Alles, was mich bewegt, kann ich Gott anvertrauen. Es ist wie beim Gespräch mit einem guten Freund: Da braucht es keine großen Worte, da kann ich einfach erzählen. – Die Gebete in der Kirche werden gut überlegt, weil möglichst viele Leute ihre Gedanken in den Gebeten wiederfinden sollen. Deshalb haben die Gebete auch eine bestimmte Form. Meistens spricht einer oder sprechen mehrere für die anderen. Gott, wir sind da und denken, danken und bitten …

Ein Gebet beginnt wie ein Brief: mit einer Anrede:

Lieber Gott … / Quelle aller Liebe … /

Gott, du bist wie ein guter Vater … / Jesus, du bist wie ein Freund …

Dann folgt, was wichtig ist: zuerst das Schöne und dann das Schlimme und Schreckliche und die Bitte um Veränderung oder Hilfe.

Dank	Klage
Dank, lieber Gott … / Wir freuen uns, dass …	O Gott … / Wir machen uns Sorgen …
Bitte	**Bekenntnis**
Wir denken an … / Wir bitte, zeige uns, wie …	Wir verlassen uns auf dich … / Du hilfst gern …

Zwischen den einzelnen Gedanken können alle andere in der Gemeinde einstimmen in einen gemeinsamen Ruf, zum Beispiel:

Herr, erbarme dich! / Gott, erhöre uns! / Schenk uns dein Licht, Gott! / Steh uns bei, Gott!

Aufgabe

Überlegt, was euch gerade beschäftigt und was viele andere Leute bewegt (an Schönen und Schwerem). Sammelt Stichworte und Ideen und schreibt daraus Gebetsanliegen.

ARBEITSBLATT 5
Musik und Lieder auswählen

Musik gehört zum Leben. Ich kann mir gar nicht vorstellen, ohne Musik aus-
zukommen. – Auch der Gottesdienst kommt ohne Musik nicht aus. Musik und Lieder loben Gott. Sie sorgen auch für „Stimmung". Manches lässt sich durch Musik
und Lieder besser ausdrücken als durch Worte.

Zum Beginn des Gottesdienstes spielt meistens die Orgel. Zur Konfirmation spielt
bei uns der Posaunenchor. Die Musik zum Vorstellungsgottesdienstdürfen sich die
KonfirmandInnen selbst aussuchen.

Aufgabe

Überlegt, welche Musik (welches Stück von welcher Gruppe) euch am besten ge-
fällt. Einigt euch auf eines, das auch geeignet ist.

Zum Einspielen in unsere Übertragungsanlage benötigt ihr eine CD.

Wenn ihr im Gottesdienst noch ein zweites Stück einspielen wollt, sorgt auch für
den Text und eine Übersetzung.

Gern dürft ihr natürlich auch selbst Musik machen, wenn ihr Instrumente spielt
und euch traut.

Stellt eine Liste zusammen, welche Kirchenlieder ihr kennt. Bezieht folgende Ge-
sangbuchlieder in eure Planung mit ein:
– Komm, sag es allen weiter EG 225
– Gott gab uns Atem EG 432
– Ich steh vor dir mit leeren Händen EG 382
– Bewahre uns, Gott, behüte uns, Gott EG 171

Macht eine Punktliste, welche Lieder ihr gut findet, und interviewt die anderen
KonfirmandInnen. Wählt aus diesem Ergebnis vier bis sechs Lieder für den Gottesdienst aus.

3.2 Taufen im Vorstellungsgottesdienst

Jugendliche, die noch nicht getauft sind, können im Vorstellungsgottesdienst getauft werden. Die Taufe als sichtbares Zeichen des Evangeliums ist Gottes Liebeserklärung an einen besonderen Menschen. Neben diese Identität bildende Heilszusage tritt die Aufnahme in die weltweite Gemeinschaft der Christen. Und so könnte es gehen (MA = MitarbeiterIn; KV = KirchenvorsteherIn); ich gebe zwei Beispiele:

Beispiel A: Mit einem Paten

Einleitung

MA	NN wird getauft und in die weltweite Gemeinschaft der Christen aufgenommen.
Pfarrer	Geboren am … haben seine Eltern …es ihm selbst überlassen, sich taufen zu lassen. So hat NN an unserer Konfirmandenzeit teilgenommen und sich nun für die Taufe entschieden. Er hat sich, obwohl er das als 14-Jähriger eigentlich nicht mehr braucht, einen Paten ausgesucht: NN, der ihm in der Zukunft ein guter Freund sein will.
KV *(mit Taufkerze)*	Ihr habt eine Taufkerze, die wir an der Osterkerze entzünden wollen. Auf ihr ist zu sehen …
	Jesus Christus spricht: „Ich bin das Licht der Welt, wer mir nachfolgt, wird niemals mehr im Dunkeln sein." Daran soll die Taufkerze dich, NN, und deine Familie an den Geburtstagen immer erinnern. Vom Licht Gottes sollst du dein Licht nehmen und mit deinen Fähigkeiten leuchten.

Gedanken zum Taufspruch

MA	Als Taufspruch und Lebensmotto für dich hat dein Pate einen schönen Spruch ausgesucht …
Pfarrer	Wir beglückwünschen dich zu deinem Entschluss, dich taufen zu lassen und wir wünschen dir Schalom: Gottes Heil, Frieden und Segen, einfach eben Glück im Leben.
MA	Die Taufe ist Gottes Liebeserklärung an uns und macht uns weltweit zu Geschwistern. Gott spricht: „Fürchte dich nicht. Ich habe dich bei deinem Namen gerufen. Du bist mein. Du gehörst zu mir." Das ist ein Versprechen, eine Zusage: „Wenn es dir gut geht, will ich mich mit dir freuen. Und wenn es dir schlecht geht, will ich mit dir weinen. Da sein will ich für dich, dich an der Hand nehmen, du brauchst keine

	Angst zu haben vor Menschen und Situationen, vor Entscheidungen oder dem nächsten Schritt." Du sollst spüren: alle Unsicherheit ist unsinnig, weil Gott dich vor Schaden bewahren wird und selbst durch Schweres zum guten Ziel führt.
Pfarrer	Gott nimmt uns an die Hand, manchmal spürbar durch liebe Menschen, Zeichen und Ereignisse, und manchmal bremst er uns auch, hält uns zurück oder richtet uns wieder auf, wenn wir gefallen sind. Wie ein guter Freund will er sein und er braucht uns als seine Freunde, damit wir der Welt ein liebevolles Gesicht verleihen. Du sollst deine Fähigkeiten entdecken und entfalten und nicht nur für dich, sondern auch für andere, einsetzen und einbringen, was du kannst, was dich beschäftigt und bewegt.

Frage

Pfarrer	NN, willst du durch die Taufe in die christliche Gemeinde aufgenommen werden? Willst du darauf vertrauen, dass Gott zu dir hält und dir Zukunft schenkt? Dann antworte: Ja, mit Gottes Hilfe.

Taufe

Wünsche aus der Familie

Eltern	Wir wünschen dir: gute Freunde, die dich im Leben begleiten, Eltern, die dir Geborgenheit geben, Lehrer, die deine Stärken sehen, Großeltern, die viel Geduld haben, einen Bruder, der auch Geheimnisse mit dir teilt. Menschen, die dir immer wieder Mut machen.

Wünsche der KonfirmandInnen

Konfis	Wir wünschen dir ein langes Leben und stets soll es dir gut gehen. Deine Träume sollen sich erfüllen. Keine ernsthaften Krankheiten dich plagen.

Segen

Pfr	Wir geben dir das Zeichen des Kreuzes: Du gehörst jetzt zu Jesus Christus. Gott, der Herr, sei dein Schutz und Schirm und bewahre dich vor allem Bösen. Gottes heiliger Geist erfülle dich alle Tage mit Zuversicht und Freude.

Gebet

MA   Gott, mach was aus NN! Lass ihn wachsen, seine guten Fähigkeiten entfalten und Freunde finden. Gott, lass NN in allen Lebenslagen immer wieder einen Ausweg und eine Lösung finden. Gott, beschütze NN und schenke im viel Spaß im Leben und Hoffnung bis zum Lebensende. Amen.

Lied, z. B. ins Wasser fällt ein Stein

Beispiel B: Ohne Paten

Einleitung

Pfarrer   Höhepunkt unseres Gottesdienstes ist die Taufe von NN. Er / sie hat das ganze Jahr an der Konfirmandenzeit teilgenommen und war eine echte Bereicherung für die Gruppe. Weil er / sie mit den anderen konfirmiert werden will, werden wir ihn / sie also taufen und damit in die weite Gemeinschaft der Christen aufnehmen.

MA   Die Taufe ist Gottes Liebeserklärung an uns. Er sagt: „Fürchte dich nicht. Ich habe dich erlöst. Ich habe dich bei deinem Namen gerufen. Du bist mein!"

Pfr   Die Taufe ist das Zeichen dafür, dass Gott Menschen in die Macht seiner Liebe und in seinen Schutz aufnimmt. Als Getaufte gehören wir zur Gemeinde. Deshalb taufen wir und folgen dem Auftrag Jesu, wie ihn der Evangelist Matthäus überliefert hat:

MA   Denn Jesus Christus spricht: „Mir ist gegeben alle Gewalt im Himmel und auf Erden. Darum gehet hin und machet zu (Jüngerinnen und) Jüngern alle Völker: Taufet sie auf den Namen des Vaters und des Sohnes und des Heiligen Geistes und lehret sie halten alles, was ich euch befohlen habe. Und siehe, ich bin bei euch alle Tage bis an der Welt Ende." (Mt 28,18–20)

KV   Wir entzünden am Osterlicht die Taufkerze, die die Konfirmanden gemacht haben,
(mit Taufkerze)   sie zeigt … weil … Jesus Christus spricht: „Ich bin das Licht der Welt. Wer an mich glaubt, wird nicht im Finstern bleiben, sondern das Licht des Lebens haben." (Joh 8,12)

Frage

Pfarrer   NN, du hast am Konfirmandenunterricht teilgenommen. Du hast dir über Gott und die Welt deine Gedanken gemacht und zusammen mit den anderen das Bekenntnis unseres Glaubens gesprochen. So frage ich dich vor dieser Gemeinde:

Willst du getauft werden und durch die Taufe Mitglied der christlichen Gemeinde werden? Willst du dein Leben im Vertrauen auf Gottes Verheißungen und im Glauben an Jesus führen? Dann antworte: Ja, mit Gottes Hilfe.

Taufgebet nach Martin Luther

MA Herr, unser Gott und Retter, stürmisch ist unser Leben, aber wir finden mit deiner Hilfe unseren Weg und auch den Weg zu dir. Du hast Noah gerettet aus dem Wasser der Sintflut und Israel hindurchgeführt durch das Wasser des Schilfmeeres. So ist uns das Wasser ein Zeichen des Weges durch den Tod hindurch zum Leben. Diesen Weg ging Jesus, als er sich taufen ließ im Wasser des Jordans. Wir bitten dich, gib deinen Heiligen Geist zu unserem Tun. Lass untergehen, was uns von dir trennt, unsere Sünde. Mache NN jetzt neu, den / die wir taufen, und mache uns alle zu Menschen, die deinem Sohn Jesus Christus nachfolgen. Amen

Taufspruch

Taufe

Wünsche der Eltern und Konfis

Segen

Pfarrer Gottes Segen erhelle deinen Weg. Gottes Friede erfülle dich. Gottes Freude rühre dich an. In diesem Glauben segne dich der dreifaltige Gott: Vater, Sohn und Heiliger Geist.

Lied

Komm, Herr, segne uns (EG 170)

3.3 Beispiele und Bausteine für Vorstellungsgottesdienste

3.3.1 Gespiegelte Träume – Werbung (Zachäus; Lk 18)

Jugendliche wie Erwachsene leben mit aus der Werbung entliehenen Identitäten. Das christliche Menschenbild verzichtet auf dieses „Leistungs"-Denken zugunsten des Rechtfertigungsgedankens. In keiner anderen Geschichte wird dies deutlicher als in der Begegnung Jesu mit Zachäus ...

Gottesdienstablauf		
Musik	My heart will go on	Filmmusik „Titanic"
Psalm	Nach Psalm 139,1–6.8–14.23–24	→P; einen oder zwei der Texte auswählen; dazwischen ein Liedruf
Thema I	Versprechen – in Alltag und Bibel	→T1; dazu eine Folie, deren rechte Seite zunächst abgedeckt wird: „Werbung verspricht mir" – „Die Bibel verspricht mir"
Lied	Herr, deine Liebe	
Thema II	Sprüche klopfen – die Welt deuten	→T2 als Kyrie oder Gloria. (Die Konfis haben die Sprüche ausgesucht und kommentiert)
Lied	Ins Wasser fällt ein Stein	
Thema III	Stimmungsbild	→T3. (von Konfis gewählt und kommentiert)
Thema IVa	Zachäus – eine Geschichte der Bibel	→T4a; 5 Szenen, Erzähler und Rollen
Bekenntnis	Was wir glauben	→B: einen Text wählen oder aus den Varianten einen Text zusammensetzen
Thema IVb	Zachäus – eine Geschichte von uns	→T4b; 2 Erzählvorschläge der Konfis
Fürbitten		→F; mit Gebetsruf
Vater unser	EG 188	
Lied	Herr, wir bitten, komm und segne uns	
Segen		

Der Herr kennt meine ganze Seele.

Er kennt alles, was ich vorhabe und denke.

Er sieht alles, was ich mache.

Er weiß alles, was ich sagen will.

Er beschützt mich, egal, was ich tue.

Dass er mich so gut kennt,

kann ich gar nicht fassen.

Seit ich geboren bin, bist du da, Herr.

Überall auf der Erde findest du mich.

Bei dir ist es nie finster,

denn du strahlst vor Freude und Glück.

Du hast mich geschaffen.

Alles, was du schufst, sind Wunder.

Wenn ich in Gefahr bin, hilf mir.

Eric

Herr, du kennst mich

und du weißt alles über mich,

Ich bin so klein gegen dich,

dass ich dich nicht begreifen kann.

Du bist voller Rätsel,

ich begreife dich nicht.

Ich verachte alle,

die auch dich verachten.

Halte sie mir vom Leib.

Herr, hilf mir immer das Richtige zu tun

und begleite mich auf meinem Weg

Jessica / Angela

Gott kennt mich.

Gott ist überall bei mir.

Er hält mich und beschützt mich.

Gott ist mein Schöpfer.

Gott ist allmächtig.

Christina / Katrin

Du durchdenkst mein Leben;

alles, was ich tue, weiß du.

Bevor ich spreche, weißt du es.

Du bist mein Führer;

du weißt alles und das kann ich nicht glauben.

Da wo ich bin, bist auch du.

Ich kann tun, was ich will,

du bist immer bei mir.

Achte auf meine Wünsche und Gedanken

und wenn ich in Gefahr bin, rette mich.

Sandra

Überall gibt es Werbung. Alle machen Werbung. Und ohne Ende stürzt die Werbung auf uns ein. Wir machen sie heute zum Thema. Auch auf unserem Seminar in NN haben wir uns damit beschäftigt.

Werbung ist gut, denn …	Werbung ist doof, denn
Sie macht auf neue Artikel aufmerksam, die man bisher noch nie gesehen hat.	Sie die Filme unterbricht, meist da wo es spannend wird – das nervt!!!
Sie informiert uns über die Produkte, die es zu kaufen gibt. und macht uns neugierig.	Sie übertreibt viel und lügt oft. Sie erzählen nur das Beste und das ist oft nicht die Wahrheit.
Sie hilft den Firmen, ihre Produkte besser zu verkaufen.	Sie beeinflusst uns zu stark. Sie weckt Wünsche, die ohne Werbung nicht entstanden wären.
Sie ist oft witzig gemacht und abwechslungsreich.	Sie vermittelt falsche Werte.

Die Kirche macht auch Werbung. Sie läutet jeden Sonntag mit den Glocken. Sie verteilt alle Monate das Gemeindeblatt. Die Gemeinde macht vieles, aber wen interessiert das, wer bekommt das mit?

Eigentlich wollten wir einen Werbespot für die Kirche machen. Aber daraus wurde leider nichts. Die Kirche spricht von der Bibel und die verspricht auch so einiges …

Die Werbung verspricht mir …	Die Bibel verspricht mir …
Immer das Neueste, Beste, und Coolste. Produkte, die Wunder bewirken.	Dass Gott einem immer beisteht in guten wie in schlechten Zeiten.
Nur wenn ich dies oder das habe, bin ich gut. Wenn ich das gezeigte Produkt kaufe, werde ich was (hübsch, angesehen, selbstbewusst).	Dass ich auch etwas bin, wenn ich nicht schön bin, nicht viel Geld habe und kaum Selbstbewusstsein.
Dass ich nur etwas bin, wenn ich schön bin, viel Geld habe und Selbstbewusstsein besitze.	Dass ich, so wie ich bin, etwas bin und vieles aus mir machen kann.
Dass ich etwas aus mir machen kann.	Dass man sein Leben ehrlich führen kann.
	Dass man nach dem Tod zu Gott kommt.

Die Werbung macht Sprüche, benutzt Redewendungen und Sprichwörter. Einige haben wir heraus gegriffen und uns unsere Gedanken dazu gemacht. Hören Sie, was wir so denken über Gott und die Welt über Sie und uns.

Die Welt ist ein Dschungel ...

denn ist unberechenbar. Man kann sich leicht verirren. Du weißt nie, wo du landest. Es ist schwer, den richtigen Weg für sich zu finden, da man z.B. durch die Werbung manipuliert wird. Dass, was man sucht, findet man nie.

Die Welt ist auf jedem Fleck anders ...

Jeder Mensch ist anders, wie die Tiere im Dschungel. Nicht jeder spricht die gleiche Sprache. Jeder macht, was er will, auch wenn es falsch ist. Tiere werden ohne Grund getötet, auch Menschen.

Was mein Leben bedroht ...

das fürchte ich: schlechte Noten, wenige Ausbildungsplätze, kein Job, Arbeitslosigkeit Armut. Was mein Leben bedroht ist der Krieg, der überall über die Welt verbreitet ist. Umweltverschmutzung, Naturkatastrophen, schwere Krankheiten, Unfälle, Schicksalsschläge und Mörder. Der Straßenverkehr, die Atomkraft, die Gentechnik. Mein Leben bedrohen auch Leute, die mich an mir selbst zweifeln lassen, wenn ich mein Selbstbewusstsein verliere.

Kyrie-Liedvers: Herr, erbarme dich!

Was mich stärkt ...

das ist: meine Gesundheit, Freunde, die zu mir stehen, meine Eltern, die mich beschützen, meine Familie, mein Hobby. Es stärkt mich, wenn ich glücklich bin, wenn ich Ziele erreiche, gute Noten in der Schule, Tage, an denen ich etwas zu tun habe, wenn Gott mir aus einer ausweglosen Lage den richtigen Weg zeigt, wenn ich bei Wettspielen gewinne, wenn ich anderen behilflich sein kann.

H.-G. Beutler-Lotz: Konfirmandenzeit und Konfirmation © 2011, Vandenhoeck & Ruprecht GmbH & Co KG, Göttingen

Was ist schöner als …

fliegen; leben und geliebt zu werden; ein Dach über dem Kopf; ein gutes Essen unter Freunden; eine Wanderung in den Bergen; etwas gut zu können; jemandem wichtig zu sein; anerkannt zu werden; gute Freunde zu haben?

Mein größer (käuflicher) Wunsch …

ist eine Traumvilla, ein großes Haus mit einem riesigem Pool und vielen großen Zimmern und mit einem großen Garten; ein eigenes Tanzstudio; eine eigene Insel in der Karibik; auf der ich jedes Wochenende abschalten kann; ein Disneyworld für mich und meine Freunde; ein eignes Pferd; ein Haustier; ein Auto, ein Porsche, ein Ferrari; ein Wasserbett; eine Eintrittskarte zu meiner Lieblings-Band; eine Querflöte.

Ich geh meilenweit für …

ein Eis mit zwei Löffeln; eine Pizza, denn das ist mein Lieblingsessen; für Essen, wenn ich Hunger habe, oder für Trinken, wenn ich Durst habe; einen schönen Ausblick von den Bergen; um einen guten Freund zu treffen; für meine Familie, meine Gesundheit; mein Orchester; Freiheit und Frieden.

Was das Leben bunt macht …

Das bin nur ich! Dass ich während meiner Schulzeit Ausflüge und Klassenfahrten mache. Dass ich im Sommer in Urlaub fahren kann. Dass ich draußen bei Sonnenschein Fahrrad fahren kann. Wenn ich Abwechslung habe und Spaß. Wenn es Feste zu feiern gibt. Bäume und Blumen, Wiesen und der Herbst.

Was das Leben bunt macht, ist das, was man sich selbst einfallen lässt, um glücklich und zufrieden zu werden mit sich und seinen Freunden. Das sind Ziele, die man sich realistisch setzt, anstrebt und auch erreichen kann.

Gloria-Liedvers: Ehre sei Gott …

Ich bin ...

Ich bin. Ich bin so. Manchmal bin ich nicht glücklich in meiner Haut und manchmal könnte sch fast vor Freude zerspringen. Manchmal bin ich total neugierig und manchmal voller Angst. Gott, weiß das.

Ich freue mich ...

dass ich überhaupt lebe, dass die Menschen, die ich liebe, gesund sind; über meine Freunde, weil sie mich aufbauen, stärken und unterstützen können. Über jeden neuen Tag. Ich freue mich über die Sonne, weil sie mich hell und glücklich macht, und über den Frühling, weil alles anfängt zu blühen und zu wachsen. Ich freue mich, dass wir alle gesund sind, dass wir in einer Demokratie leben und Frieden haben. Ich freue mich über nette Gesten, weil ich dann weiß, dass mich jemand mag und an mich denkt. Und über gutes Wetter, gute Musik, Partys, wo ich mich wohlfühlen kann. Ich freue mich, wenn Eintracht Frankfurt gewinnt.

Ich bin traurig ...

dass meine Uroma Schmerzen aushalten muss; dass einer, der aus einem anderen Land kommt, nicht freundlich aufgenommen wird. Ich bin traurig, wenn meine Schildkröten sterben, will sie auch Lebewesen sind und ich an sie gewöhnt bin. Über meine Kurzsichtigkeit bin ich traurig, weil ich z. B. beim Sport damit Probleme habe. Fernsehwerbung macht mich rasend, weil sie schon fast 50 % der Sendezeit ausmacht. Ich bin traurig über die Lehrer, weil es einfach hoffnungslos mit ihnen ist. Ich bin traurig über verzweifelte Menschen, weil es schwer ist Ihnen zu helfen. Ich bin traurig über den Verlust von Menschen, die mir etwas bedeuten, über Fehler, die sich hätten verhindern lassen, über Kriege und Rassismus.

Ich bin etwas ...

weil Gott mich liebt und weil ich gebraucht werde. Ich kann manche Sachen gut. Ich bin ein Lebewesen. Ich bin ich selbst. Ich bin etwas, weil ich ren wurde, eine Familie habe, und Freunde, auf die mich verlassen kann.

Ich bin nichts …

weil ich nicht dazugehöre, weil die anderen mich auslachen, weil ich für die anderen Luft bin, weil ich arm bin und allein und hilflos … Ich bin nichts, weil ich manchmal mit dem Strom schwimme und gegen meine Prinzipien und Einstellung falsch handle – aus Gruppenzwang. Ich bin nur ein kleines Stück vom ganzen Universum …

Aber …

Ich kann gar nicht „Nichts" sein, denn ich habe Freunde und eine Familie, die mich akzeptieren. Und: Ich bin mehr, als die Werbung verspricht

Gebet

Gott, ich bin unglücklich, du bringst mir das Glück.
Ich bin traurig, du sendest mir Fröhlichkeit.
Ich bin arm, du schenkst mir das, was ich brauche.
Ich bin einsam, du schenkst mir eine Familie.
Ich bin krank, schenke mir Gesundheit.
Ich bin verwirrt, gib mir Klarheit. Amen.

T4A WIE JESUS UM MENSCHEN WIRBT

Durch die Werbung wollen die Firmen an unser Geld. Ganz klar. Und deshalb spielt die Werbung mit unseren Träumen, mit unseren Wünschen, unseren Sehnsüchten, sie spielt mit unseren Gefühlen und mit unseren Ängsten. – Die Kirche will unser Glück, unser Heil, dass unser Leben gelingt und deshalb erzählt sie die Geschichten der Bibel. Eine Geschichte von Jesus haben wir gelesen und spielen sie Ihnen vor.

Erzähler   Da ist Zächaus. Keiner mag ihn, er ist ein Gauner. Am Zoll nimmt er den Leuten viel zu viel Geld ab. Als Jesus vorbeikommt, gibt es großes Gedränge. Alle wollen Jesus sehen. Zachäus auch. Aber er ist zu klein und niemand lässt ihn durch.

Da klettert er auf einen Baum. Jesus sieht ihn: „Komm herunter, bei dir zu Hause möchte ich essen." Da staunen alle. Beim Essen verspricht Zachäus, den Leuten das ergaunerte Geld zurückzugeben. – Jesus verändert unser Leben. Er will, dass wir gut mit anderen zusammenleben.

Szene 1: Gestern an der Zollstation

Ein Mann, eine Frau und evtl. einige Leute stehen herum. Ein Mann kommt dazu.

Mann 1   Habt ihr das gesehen? Jesus ist zu Zachäus gegangen!

Frau   Ja, ohne mit der Wimper zu zucken, geht er in das Haus dieses Zollpächters.

Mann 2   Zu diesem Römer-Freund!

Zachäus kommt hinzu.

Zachäus   Redet ihr über mich? Jesus war in meinem Haus und schenkte meinem Haus Heil! Ich werde die Hälfte meines Vermögens den Armen geben – und allen, denen ich zu viel Geld abgenommen habe, werde ich das Vierfache zurückgeben.

Leute   Jesus hat ihn geheilt! Er ist auf unsere Seite gekommen!

Szene 2: Heute am Küchentisch

Zachäus sitzt mit seiner Frau am Tisch.

Zachäus   Ich bin froh, dass Jesus hier war und uns versteht.

Frau   Er hat dich total verändert!

Zachäus   Er strahlt so viel Sanftheit und Geborgenheit aus, er vertraut mir.

Zwei kommen dazu.

Zöllner   Mensch, hast du ein Glück. Du durftest mit Jesus in deinem Haus essen.

Nachbar   Erst waren wir ein bisschen neidisch auf dich, doch jetzt sind wir stolz ein Freund von Zächäus zu ein, der mit Jesus gegessen hat.

Die Tür geht auf und ein Bettler kommt.

Bettler   Darf ich hereinkommen? Ich habe gehört, dass du deine Taten bereust.

Zachäus   Jawohl, das tue ich. Und jedem, dem ich Unrecht getan habe, will ich es vierfach zurückzahlen.

Bettler	Wäre es zu viel verlangt, wenn du mir eine Mahlzeit geben würdest?
Zachäus	Aber nein. Komm nur, setz dich hin. Du bist mir willkommen.

Szene 3: Leute vor dem Haus

Zwei kommen zusammen, ohne Zachäus; tauschen einen Gruß

Mann 1	Weißt du schon das Neueste? Ein Skandal!
Mann 2	Ach was? Erzähl schon.
Mann 1	Gestern war doch Jesus in unserer Stadt.
Mann 2	Ja, na und?
Mann 1	Ja, wart's ab. Später war er mit einem Zöllner essen!
Mann 2	Wie, der fromme Rabbi Jesus war bei einem Zöllner?
Mann 1	Ja, wenn ich es dir doch sage. Bei einem Zöllner, der für die Römer arbeitet.
Mann 2	Nicht zu glauben. Das er sich so zu etwas herablässt.

Szene 4: Weitere Leute vor dem Haus

Mann 1	Was haltet ihr von Zachäus?
Mann 2	Wer hätte gedacht, dass Jesus ausgerechnet zu ihm geht, diesem Betrüger!
Mann 3	Vielleicht hat Jesus ihm gesagt, dass er sich ändern soll. Wäre gut für uns!

Zachäus kommt dazu.

Zachäus	Hier habt ihr euer Geld zurück, um das ich euch betrogen habe.

Einer kommt hinzu.

Betrogener	Zachäus, mich hast du auch betrogen. Gib mir mein Geld zurück.
Zachäus	Du bekommst das Vierfache zurück, was ich dir genommen habe.
Betrogener:	Gib mir nur das, was mir zusteht. Man soll Böses nicht mit Bösem vergelten.

Noch einige andere kommen mit offenen Händen.

 H.-G. Beutler-Lotz: Konfirmandenzeit und Konfirmation © 2011, Vandenhoeck & Ruprecht GmbH & Co KG, Göttingen

Szene 5: An der Zollstation

Drei Zöllner an einer Zollschranke.

Zöllner 1   Habt ihr schon die Geschichte von Zachäus und Jesus gehört?

Zöllner 2   Wieso ist Jesus ausgerechnet zu einem von uns gegangen?

Zöllner 3:   Jeder verachtet uns doch, weil wir für die Römer arbeiten.

Zöllner 2   Vielleicht ist er ja gerade deshalb gekommen.

Zöllner 1   Wie meinst du das?

Zöllner 2   Zachäus hat schon oft gesündigt und Jesus wollte ihm eine Chance geben, seine Fehler wieder gut zu machen.

Zöllner 3   Er hat Recht. Jesus ist voller Gnade.

Schlussgedanke

Zachäus wollte immer reich sein und angesehen werden. Aber dann erkannte er durch Jesus seinen Fehler und auch seine Schuld. Was er und wir dabei gelernt haben: dass wir es genauso machen sollen, wie es Jesus gemacht hat. Wir sollen die Menschen so akzeptieren, wie sie sind.

Wir kennen das Glaubensbekenntnis. Wir haben auch moderne gelesen und dann haben sich einige hingesetzt und ihr eigenes Glaubensbekenntnis geschrieben. Was glauben Sie?

Eigene Glaubensbekenntnisse

Ich glaube an Jesus Christus. Er beschützt mich in der Not. In mir ist es finster, bei dir ist es Licht. Bitte verlass mich nicht. Ich glaube an Gott, Jesu Vater, dass er diese Welt in seinen Händen hält und dass er die Menschen liebt.

Eric

Ich glaube an Gott, dass er immer aufpasst, dass wir keine anderen Götter neben ihm haben. Ich glaube an Jesus, dass er für uns gestorben ist und unsere Sünden auf sich genommen hat. Und ich glaube an den Heiligen Geist, dass er immer bei uns ist und uns schützt.

Christoph

Ich glaube an den Gerechten unter den Ungerechten, den Fleißigen unter den Faulen, den der die Wahrheit spricht unter den Lügnern, den Unschuldigen unter den Mördern. / Ich glaube an dich, Gott, und an deinen Sohn Jesus Christus, der bereit war, für uns sein Leben zu lassen. Außerdem glaube ich an meine Familie und an meine Freunde, die mich lieben und begleiten.

Jessica / Angela

Ich glaube an Gott, denn er hat mir das Leben geschenkt und hat mich gesund auf die Welt gesetzt. Er bewahrt mich vor dem Bösen. / Ich glaube an Jesus Christus, denn er hat sein Leben für uns geopfert, obwohl er der Sohn Gottes ist. / Ich glaube an den Heiligen Geist. Auch wenn ein Mensch tot ist, wird der Geist weiter leben und der Mensch wird ewig in unserem Herzen bleiben.

Victoria / Waldemar

Zur Geschichte vom Zachäus haben einige von uns neue Geschichten geschrieben. Zwei wollen wir erzählen:

Ich bin anders als du denkst!

Ramun ist Türke, er ist noch nicht lange in Deutschland und heute muss er zum ersten Mal in die neue Schule. Die Schule ist in einem kleinen Dorf, in dem jeder jeden kennt. Als Ramun über den Schulhof läuft, bemerkt er, wie manche Kinder mit dem Finger auf ihn zeigen und wie hinter seinem Rücken getuschelt wird. „Redet nicht mit dem!", ruft einer. „Das ist ein Ausländer. Der gehört nicht hierher und macht bloß Ärger!"

Ramun kam zufällig in die gleiche Klasse wie Jens, der Junge, der so geredet hatte. Und ausgerechnet neben Jens war noch ein Platz frei. Ramun setzte sich und schob Jens schweigend einen Streifen Kaugummi zu. Jens hatte gerade große Lust auf Kaugummi. Verstohlen griff er zu.

Er kaute die ganze Stunde. Danach streckte er seine Hand aus. „Sorry, Ramun, war blöd von mir, was ich gesagt habe … Ich hab keine Ahnung, wer du bist und wohin du gehörst …" Ramun grinste. „Ich auch noch nicht", sagte er. „Aber wer weiß: Vielleicht finden wir es heraus?" (Jessica)

Auf der Straße stehen vier Jugendliche in den neuesten Markenklamotten. Ich komme dazu, aber ich bin nicht auf dem neuesten Stand. Gleich fangen sie an, über meine namenlose Jacke zu lästern. Alle vier beleidigen mich. Einer sagt: „Hast du die vom Flohmarkt?" Der andere nennt mich asozial und so weiter. Sie machen mich mit Worten fertig. Wegen meiner Kleidung gehöre ich nicht dazu. Wütend und verletzt gehe ich nach Hause. Und doch wissen sie nicht, dass ich genauso bin wie sie – ich bin nämlich auch nur ein Mensch. (Sabrina)

H.-G. Beutler-Lotz: Konfirmandenzeit und Konfirmation © 2011, Vandenhoeck & Ruprecht GmbH & Co KG, Göttingen

Wir wollen für die Menschen beten, denen es nicht so gut geht wie uns:

In vielen Ländern leben Menschen in Slums, sind arm, haben nichts zu essen und sterben schon an leichten Krankheiten oder wie in Afrika an Aids. Gott, hilf diesen Menschen und hilf uns, ihnen zu helfen, damit sie genug zu Essen und ausreichend Medikamente finden und Hoffnung schöpfen.

Herr, erbarme dich!

Menschen aus anderen Ländern finden bei uns oft keine freundliche Aufnahme. Sorge für Gerechtigkeit in allen Ländern der Welt und lass uns Flüchtlingen Heimat geben und Fremden ohne Angst begegnen.

Herr, erbarme dich!

Kranke und Schwerkranke müssen Schmerzen ertragen, für viele gibt es keine Heilung. Gott, gibt ihnen Kraft, mit ihrem Los fertig zu werden, oder lass sie wieder gesund werden. Tröste sie und ihre Familien und Freunde.

Herr, erbarme dich!

Arbeitslose mit ihren Familien können kein Geld verdienen und müssen von der Sozialhilfe leben. Herr, hilf diesen Menschen, eine Arbeit zu finden, um ihre Familien zu ernähren und sich wieder wichtig und wertvoll zu fühlen.

Herr, erbarme dich!

Menschen, die verlassen wurden und nun verletzt und enttäuscht sind und mit ihrem Lebens nichts mehr anfangen können: Herr, hilf ihnen aus ihrer Verzweiflung.

Herr, erbarme dich!

Und in der Stille vertrauen wir dir, Gott, alle Menschen an, die uns wichtig sind …

3.3.2 Ich – Du – Wir – Vom Gruppenzwang (Petrus; Lk 22)

Selbst-Sein fällt Jugendlichen ebenso schwer wie Erwachsenen, denn wir leben in Zusammenhängen. Gruppendruck und -zwang bestimmen unser Denken und Verhalten. Die Geschichte von Petrus zeigt diese Zerrissenheit auf dem Weg zum eigenen Standpunkt.

Gottesdienstablauf		
Musik	Aktuelle Lieblingsmusik der Konfis	CD
Psalm	Nach Psalm 18	→P; (von Konfis umgeschrieben), im Wechsel gelesen
Thema I	In der Kirche dreht sich alles um Jesus	→T1; Konfis formulieren Gedanken und Vorstellungen zur Person Jesu; denkbar wären auch Interviews
Bekenntnis	Ich glaube … (trinitarisch, persönlich)	→B; von Konfis formuliert und vorgetragen
Thema II	Jeder spielt verschiedene Rollen	→T2 (Die Konfis haben Rollenbilder gesammelt und dargestellt): Wer denkt was über mich / uns?
Lied	Gott liebt diese Welt	EG 409
Thema III	Ich und die anderen – ein Netz bilden	→T3. Gedanken der Konfis, enden in einem Gebet; Knüpfen eines Netzes, gemeinsam mit der Gemeinde
Thema IV	Petrus – eine Geschichte der Bibel	→T4; Erzählung
Fürbitten		→F; mit Gebetsruf
Vater unser	EG 188	
Lied	Herr, wir bitten, komm und segne uns	
Segen		

Im Alten Testament stehen viele Psalmen. Das sind Gebete und Lieder, die Juden und Christen bis heute beten. Einen alten Psalm haben wir in andere Worte übersetzt. Ihn wollen wir beten:

I Gott, ich habe Vertrauen zu dir. Lass mich nicht zu Schaden kommen. Blamiere mich nicht und lass mir nichts passieren.

II Deine Gerechtigkeit rettet mich und hilft mir heraus. Wenn ich dumm dastehe, tritt für mich ein. Wenn ich falsch beschuldigt werde, stelle es richtig. Wenn ich angegriffen werde, verteidige mich. Gott, höre mir zu und hilf mir dann, denn du hast mir Hilfe versprochen

I Sei mir ein guter Standpunkt, an dem ich mich festhalten kann und den ich vertreten kann. Gott, du bist das Vorbild meiner Hoffnung schon von klein auf.

II Lass mich nicht hängen, wenn ich alt und schwach bin. Lass mich nicht allein, wenn ich im Bett liege und Pflege brauche.

I Gott, du machst mich fix fertig. Du lässt mir viel passieren. Du machst mir Angst. Doch du tröstest mich auch.

II Gott, du hast meine Zunge gelöst. Du befreist meine Seele. Ich kann fröhlich sein.

Was ist an Jesus dran? Vor fast 2000 Jahren hat er gelebt.

Jesus ist für den Geschichtsforscher ...

> einer, über den fast nichts mehr zu erforschen ist; ein interessanter Forschungsgegenstand; ein wichtiges Stück im Lauf der Weltgeschichte; ein geschichtlich bedeutender Mensch; ein Stück ihrer Arbeit, mit dem sich Geld verdienen lässt.

Jesus ist für die Pharisäer seiner Zeit ...

> ein Dorn im Auge, ein Betrüger, ein Aufmuckser, jemand, der sich ihnen nicht unterwirft, ein Gotteslästerer.

Jesus ist für die Gläubigen ...

> jemand, an dem man sich festhalten kann, ein Retter, ein Heiler, eine wichtige Person, ein Weiser, ein guter Mensch, ein Prophet, die Hauptperson unserer Religion, der Sohn Gottes, die Hoffnung.

Jesus ist für die Ungläubigen ...

> ein unbedeutender Mensch, eine seltsame Figur, eine Erfindung der Gläubigen, ein Verbrecher, ein Betrüger.

Jesus ist für mich ...

> wichtig, gut, Leben, Liebe, ein wichtiger Mensch, Gottes Sohn.

In fast jedem Gottesdienst sprechen alle zusammen das Glaubensbekenntnis. Wir haben versucht es in unsere Worte umzuschreiben.

Wir glauben, dass es Gott gibt.

Wir glauben an Gott. Er ist die Quelle des Lebens. Er ist der Ursprung der Erde. / Er ist der Schöpfer unserer Welt.

Er ist bei uns, wenn wir traurig sind. Er hilft uns, wenn wir nicht weiter wissen.

Wir glauben an seinen Sohn Jesus Christus,

der Leben heilte, der predigte, der Familien segnete.

Er wanderte mit seinen Jüngern durch das Land und gründete Gemeinden. Seine Feinde verhafteten ihn und übergaben in den Römern, die ihn am Kreuz sterben ließen.

Er wurde begraben und durch Gott auferweckt. Er ist mitten unter uns und ruft uns auf seinen Weg.

Wir glauben an Gottes Geist,

an seine Weisheit und an Zeichen, die uns führen. Er gibt uns Kraft zum Leben und schenkt uns Hoffnung. Er befreit und von Schuld und Sünde und macht uns frei.

Je nach dem wo ich hinkomme oder mit wem ich zusammen bin, verhalte ich mich anders. Das ist ganz klar. Jeder hat andere Vorstellungen von mir und andere Erwartungen an mich. Jeder will etwas anders von mir. Nicht alles kann ich erfüllen. Nicht alles will ich machen. Nicht alles passt wirklich zu mir.

Meine Eltern erwarten von mir ...

Ehrlichkeit, Befolgen der Regeln, Mitarbeit in der Familie, Mitteilungen über die Schule, Zeit für sie. Dass ich pünktlich nach Hause komme. dass ich mich mit meinen Geschwistern vertrage; dass ich auf meine Geschwister aufpasse; dass ich mich in der Schule anstrenge; dass ich meine Hausaufgaben mache; dass ich anderen helfe; dass ich kein Schläger werde; dass ich am Abend kein Klavier mehr spiele; dass ich sie nicht störe.

Meine Freunde erwarten von mir ...

dass ich sie so akzeptiere, wie sie sind; dass ich immer für sie da bin; dass ich ihnen Bändchen und Perlenringe mache; dass ich sie ausreden lasse und ihnen zuhöre; dass ich Geheimnisse für mich behalte; dass ich mich nicht mit ihnen streite; dass ich ihnen immer helfe in der Schule oder sonst wo; dass ich sie nie im Stich lasse; dass ich immer spontan mitmache; dass ich gute Ideen habe.

Meine Lehrer erwarten von mir ...

dass ich pünktlich da bin und immer aufpasse; dass ich viel lerne und gute Noten schreibe; dass ich etwas für die Klassengemeinschaft tue; dass ich meine Hausaufgaben mache; dass ich lieb bin.

Der Pfarrer erwartet von mir ...

dass ich in die Kirche gehe; dass ich den Konfi-Unterricht besuche; dass ich mein Arbeitszeug mitbringe; dass ich mitmache; dass ich nicht störe; dass ich an Gott glaube.

Mein Trainer erwartet von mir …

> dass ich oft zum Training komme; dass ich das mache, was er sagt; dass ich mein Team nicht fertig mache; dass ich erfolgreich bin; dass ich besser werde; dass ich mich einsetze.

Meine Musiklehrerin erwartet von mir …

> dass ich regelmäßig übe; dass ich die Musik genauso liebe wie sie; dass ich ehrgeizig bin, auftreten will, vorspielen.

Meine Oma erwartet von mir …

> dass ich sie öfter besuche; dass ich nett zu ihr bin; dass ich ihr helfe.

Mein Bruder / meine Schwester erwartet von mir …

> dass ich ihn / sie nicht ärgere; dass ich mit ihm / ihr spiele; dass ich sie / ihn nicht in Pfanne haue.

Meine Tante erwartet von mir …

> …

Meine *community* erwartet von mir …

> …

Ich erwarte von mir …

> Ja, was …? Dass ich sie alle zufrieden stelle …? Dass ich noch in den Spigel schauen kann und mir sagen: Du bist okay? Oder wer soll mir das sagen …?

 H.-G. Beutler-Lotz: Konfirmandenzeit und Konfirmation © 2011, Vandenhoeck & Ruprecht GmbH & Co KG, Göttingen

Die anderen meinen mich gut zu kennen. Aber ich kenne mich manchmal selbst nicht. Manchmal kann ich mich nicht leiden und manchmal finde ich mich gut.

Ich bin wichtig …

weil ich so bin, wie ich bin; weil ich einmalig bin; mich gibt's nur einmal auf dieser Welt; ich bin ganz Besonderes; weil ich kein Angeber bin; weil ich von manchen Leuten gebraucht werde; weil ich Talent habe und bestimmte gute Eigenschaften; weil andere mich mögen.

Ich finde Gruppen gut …

weil man was zusammen macht; weil ich mich mit anderen wohl fühle; da gibt es fast nie Langeweile und man hilft sich gegenseitig.

Was Schwierigkeiten in Gruppen schafft …

verschiedene Meinungen; wenn keiner mitmacht; wenn man sich nicht einigen kann; wenn sich manche nicht so gut verstehen oder nicht so gut verhalten; wenn manche sich ausschließen oder von den meisten ausgeschlossen werden; wenn es Außenseiter gibt; wenn einer den anderen verpetzt.

Gefährlich sind Gruppen …

wenn der Druck zu groß wird; wenn Zwang aufkommt; wenn ständig Streit ist und Bandenkrieg entsteht; wenn ich irgendwo mitmachen soll, wo ich nicht mitmachen will; wenn Drogen ins Spiel kommen oder Diebstahl und Erpressung.

Was in einer Gruppe sein muss …

Zusammenhalt, gute Freundschaften, schöne Erlebnisse, Hilfsbereitschaft, Vertrauen, Action, Spaß, Musik, Stimmung.

Meine Gruppe ist mir wichtig …

weil ich da mit meinen Freunden zusammen sein kann; weil sie mir in schlechten Zeiten helfen kann; weil sie einem aus der Patsche helfen; weil sie ein Teil von mir ist; weil ich Freunde brauche; weil ich mich in ihr wohlfühle; wie ich sie liebe.

Meine Familie ist mich wichtig …

weil ich sie brauche; weil sie mich ernähren; weil sie mir wichtig sind; weil es meine Lebensgemeinschaft ist und ich nicht wüsste, was ich ohne sie machen sollte; weil sie mir vertrauen; weil sie mich lieben, so wie ich bin; und mir helfen, wenn's drauf ankommt; weil sie immer für mich da sind.

Gebet

Gott, ich danke dir für meine Eltern, denn ohne sie würden ich nicht leben und sie sind oft gute Ansprechpartner.

Ich danke dir für meine Freunde und Geschwister, weil ich mit ihnen mehr Freude am Leben habe und ich nicht allein bin.

Gott, ich danke dir für meine Begabungen, für alles, was in mir steckt, und alles, was ich gelernt habe und noch lernen kann.

Ich danke dir für alle schönen Erlebnisse, Erinnerungen und Erfahrungen, für alle Erfolge, die ich habe, und dass ich aus Niederlagen etwas lernen kann.

Gott ich danke dir für unsere Lebensmittel, weil wir ohne sie hungern würden.

Ich danke dir für alles, was ich habe, für Fernseher und PC und meine Anlage, für die Bücher, die ich gern lesen.

Gott, ich danke dir für meine Gesundheit und für den Frieden, den ich bis jetzt erlebe.

Ich danke dir für die Tiere und das ganze Leben. Es kann so schön sein. Amen.

 H.-G. Beutler-Lotz: Konfirmandenzeit und Konfirmation © 2011, Vandenhoeck & Ruprecht GmbH & Co KG, Göttingen

Alle gehören wir irgendwie zusammen. Ich und du und du und du … Wir Leute hier und in der Welt. Keiner kann wirklich allein leben. Wir sind alle miteinander verbunden. Wir hängen alle aneinander, weil Gott es so will und die Erde uns trägt. Weil wir miteinander verbunden sind, werfen wir als Zeichen dafür einen Wollfaden zu. Wir halten den Faden fest und geben ihn weiter.

Wollknäuel zuwerfen

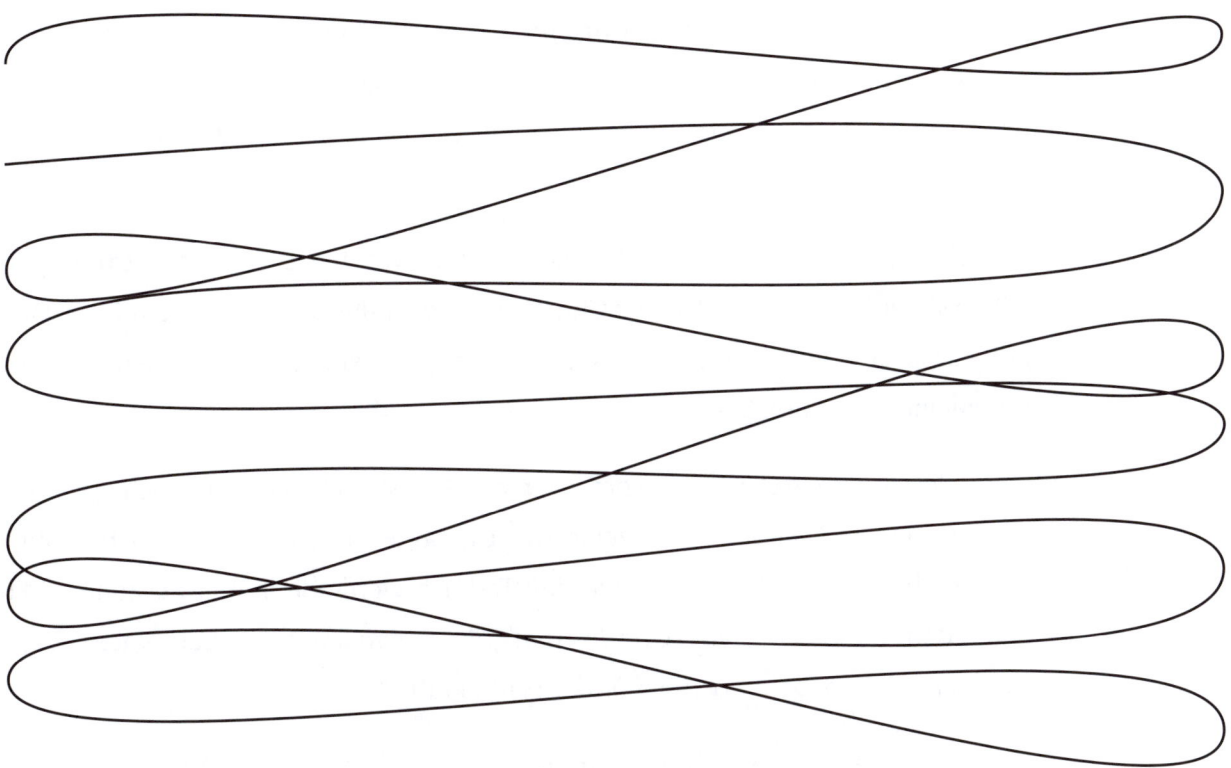

Wir sind miteinander verbunden, der Faden des Lebens hält uns. Das ganze Leben ist wie ein Netz.

Wenn einer zieht, spüren das die anderen und müssen irgendwie reagieren. Wir können aufeinander zugehen und uns voneinander entfernen. Aber wenn einer zu feste zieht, und die anderen stur bleiben, dann zerreißt es.

H.-G. Beutler-Lotz: Konfirmandenzeit und Konfirmation © 2011, Vandenhoeck & Ruprecht GmbH & Co KG, Göttingen   91

Manchmal sind wir stark und manchmal schwach. Manchmal haben wir eine große Klappe, doch da ist nichts dahinter. Die Bibel erzählt von einem, dem ging es wohl ähnlich. Er hieß Petrus. So nannte in Jesus. Eigentlich hieß er Simon. Zuerst hatte er keinen starken Glauben, später aber verbreitete er furchtlos die Geschichten von Jesus und wurde deshalb auch getötet.

Petrus war Fischer wie sein Bruder Andreas. Eines Tages kam Jesus an den See. Jesus bat ihn und Andreas: „Kommt mit mir! Ich werde euch im Glauben stärken! Und euch zu Menschenfischern machen!" Da war Petrus mutig und folgte Jesus mit seinem Bruder und sie begleiteten ihn bei allem, was er tat. Unter seinen neuen Freunden ging es Petrus gut. Und in Jesu Nähe fiel ihm das Glauben auch leicht. Da konnte er stets gut reden.

Einmal fragte Jesu seine Freunde: „Was denkt dir, wer bin ich?" Und Petrus sagte: „Du bist der Sohn Gottes! Du bist Christus! Du wirst uns retten und befreien!" Das gefiel Jesus und er versprach Petrus: „Du wirst später einmal stark wie ein Fels sein und meine Gemeinde bauen."

Bevor Jesus verhaftet wurde, sprach er zu Petrus: „Ich habe für dich gebetet, dass du deinen Glauben nicht verlierst." Da sagte Petrus: „Das ist nicht nötig. Ich fürchte nicht das Gefängnis und den Tod. Ich werde dir immer beistehen!" Er nahm den Mund etwas voll. Und Jesus sagte: „Dreimal wirst du behaupten, mich nie gekannt zu haben, noch bevor der Hahn kräht."

Und so kam es. Als Jesus im Gefängnis war, stand Petrus draußen im Hof. Da waren viele Neugierige, aber auch Soldaten, die sich am Feuer wärmten. Und die Leute fragten ihn, ob er auch zu Jesu gehöre. Petrus aber fürchtete sich. Er wollte nicht eingesperrt werden und dreimal sagte er: „Nein, den kenne ich nicht. Mit diesem Jesus habe ich nichts zu tun!"

So hatte er seinen Freund Jesus verleugnet. Später wurde er dann wieder mutiger. Nach Jesu Auferstehung erzählte er überall von Jesus. Nicht nur unter den Juden, sondern auch unter den Griechen und Römern. Selbst bei dem römischen Hauptmann Kornelius war er Gast. Später, bei einer der Christenverfolgungen in Rom, wurde er gefangen und zum Tod verurteilt. Er starb am Kreuz wie sein Herr und Freund Jesus Christus.

FÜRBITTEN

Ich bitte für meine Familie, weil ich ohne sie nicht leben könnte, und für meine Freunde, die ich ganz gern habe. Sie sollen noch lange bei mir sein. Ich bitte für meine Oma, dass sie nach ihrer Operation wieder gut laufen kann.

Wir singen: Herr, erbarme dich!

Ich bitte für die Erhaltung der Natur und unserer Erde, weil auch Tiere und Pflanzen das Recht zu Leben haben, und ohne sie können auch wir nicht leben.

Ich bitte um gute Noten, weil ich dann einen besseren Schulabschluss bekomme und größere Chancen habe, einen Beruf zu finden.

Wir singen: Herr, erbarme dich!

Gott, wir bitten für die, die kein Zuhause haben, dass sie nicht allein bleiben. Wir bitten für die, denen es nicht so gut geht, dass sie sich wieder freuen können. Wir bitten für die unheilbaren Kranken, dass ihnen geholfen wird.

Wir singen: Herr, erbarme dich.

Wir bitten für alle, die hungern, dass sie genug zu essen bekommen und die Lebensmittel gerechter verteilt werden. Wir bitten um Frieden, weil im Krieg viele Menschen und Tiere sterben müssen. Wir bitten für die Flüchtlinge, dass sie bald wieder in ihre Heimat können und sie nicht mehr verjagt werden.

Wir singen: Herr, erbarme dich!

In der Stille bringen wir vor dich, Gott, was wir auf dem Herzen haben: Unsere Freude und unsere Bitten …

Wir singen: Herr, erbarme dich!

H.-G. Beutler-Lotz: Konfirmandenzeit und Konfirmation © 2011, Vandenhoeck & Ruprecht GmbH & Co KG, Göttingen

3.3.3 Auf dem Weg in die Freiheit (Mose; 2 Mose)

Jugendliche und Erwachsene sehen ihr Leben zwar mit Höhen und Tiefen, aber nicht immer mit einem Ziel. Oft erscheint der Alltag voller Druck und wie ein Gefängnis. Dass unser Leben individuell und gesellschaftlich gelingen kann, zeigt die Geschichte der Kinder Israels.

Gottesdienstablauf		
Musik	Morgenlicht leuchtet When Israel was in Egypt's land …	EG 455; evtl. besser auf Englisch
Psalm	Nach Psalm 23	→P; von Konfis bearbeitet; beten mit der Gemeinde oder im Wechsel
Thema I	Wir sind auf dem Weg	→T1; Konfis bestimmen ihren Standort
Bekenntnis	Was wir glauben	→B: nach einigen Gedanken der Konfis folgt ein gemeinsam gestaltetes Credo.
Thema II	Mitten im Leben – Höhen und Tiefen	→T2; Stationen mit Plakaten: Allee, Autobahn, Sackgasse, Kopfsteinpflaster, Kreisverkehr, Kreuzweg, Boxenstopp, Zielgerade; dazu Kommentare der Konfis
Lied	When Israel …	
Thema III	Eine Befreiungsgeschichte aus der Bibel	→T3; Erzählung in 7 Stationen mit Bildern, Aktionen und Beiträgen der Konfis (evtl. Filmszenen aus: Moses. Die Bibel. 1996, 177 Min.)
Lied	When Israel …	
Gebet	Fürbitten, Vaterunser	→F: eigene oder fremde Bitten
Segen		→S: Segen, formuliert von den Konfis

Ein altes Lied der Bibel, Psalm 23, haben wir in unsere Worte übersetzt:

Der Herr ist mein Hirte, mir wird nicht mangeln …

Herr, du bist mein Gott. Darum leide ich keine Schmerzen.

Er weidet mich auf einer grünen Aue und führet mich zum frischen Wasser

Herr, du versorgst mich mit allem, was ich brauche.

Er erquicket meine Seele. Er führet mich auf rechter Straße um seines Namens willlen.

Du gibst mir Kraft auf meinem langen Weg.

Und ob ich schon wanderte im finstern Tal, fürchte ich kein Unglück;

Wenn ich durch eine dunkle Stadt gehe, habe ich keine Angst.

denn du bist bei mir, dein Stecken und Stab trösten mich.

Denn ich weiß, dass du bei mir bist. Du begleitest auf meinem Weg.

Du salbest mein Haupt mit Öl und schenkest mir voll ein …

Herr, du schützt mich und du führst mich, du machst mir Mut.

Und ich werde bleiben im Hause des Herrn immerdar.

Herr, du nimmst mich bei dir auf. Das ganze Leben darf ich bei dir bleiben.

Du Herr gibst mir ein ganzes Leben lang Glück und Zufriedenheit.

Lobsinget dem Herrn!

Alle: Ehr sei dem Vater …

H.-G. Beutler-Lotz: Konfirmandenzeit und Konfirmation © 2011, Vandenhoeck & Ruprecht GmbH & Co KG, Göttingen

Unsere Konfirmandenzeit geht zu Ende. Im Augenblick denken wir so:

Mädchen sind …

gut in der Schule, weil sie sich besser konzentrieren können; schlau und nett, wenn sie gut gelaunt sind; oft schlecht gelaunt, wenn ihnen etwas auf den Sack geht; freundlich, weil sie wenig Probleme haben; wenn man Probleme hat, kann man mit ihnen reden; zickig, wenn ihnen etwas nicht passt; eingebildet und zickig, wenn sie von Jungs ausgenutzt werden …

Jungs sind …

witzig; locker; schlagfertiger als Mädchen; cool, wenn sie in einer Gruppe sind; in allem gut, wenn sie daran arbeiten …

Zoff gibt es, wenn …

man beschissen wurde; man einen Bruder hat, der eine andere Meinung hat; man sich nicht versteht; zwei sich nicht mögen.

Wenn ich Gott wäre, dann …

würde ich die Menschen in Ruhe lassen; wäre ich der Beste, wäre ich der Größte; gäbe es keinen Krieg und wäre Frieden; wäre die Dritte Welt besser dran; würde ich allen so viel Geld wie möglich geben; würden die Menschen nett und freundlich sein; würde ich die Verbrecher töten; gäbe es keine kranken und armen Menschen; würde ich armen und kranken Menschen helfen; würde ich alle Menschen retten, heilen und dass es keine Schlägereien und Selbstzerstörung gäbe …

 H.-G. Beutler-Lotz: Konfirmandenzeit und Konfirmation © 2011, Vandenhoeck & Ruprecht GmbH & Co KG, Göttingen

Unsere Konfirmandenzeit geht zu Ende und wir sollen etwas über unserer Glauben sagen. Wir wissen, der Glaube ist nie fertig. Im Glauben haben wir nie ausgelernt. Er verändert sich so, wie wir uns verändern.

Ich glaube an Gott, der ...

alle kranken Menschen heilt; wie ein Vater ist; unser Beschützer ist; immer bei einem ist; alle Menschen gleich behandelt; mir hilft, uns hilft; den allmächtigen Gott.

Wozu Gott gut ist ...

um an ihn zu glauben; um Kraft zu geben; uns Hoffnung zu geben; in Notsituationen zu helfen; uns zu beschützen.

Wir brauchen Jesus heute, weil ...

es Ungerechtigkeit gibt; es Kriminalität gibt; man an ihn glauben kann; er uns beschützt; er ein Held war.

Was Jesus alles getan hat ...

Menschen geholfen; Lasten auf sich genommen; Menschen geheilt; Glauben verbreitet; sich für andere geopfert; das Christentum verbreitet; er hat Wunder vollbracht.

Wozu Jesus gut ist ...

um einem Kraft zu geben; um uns Mut zu machen; um Menschen zu helfen; um Glauben verbreiten; zum Beschützen; er hilft den Menschen.

Was an Jesus wichtig ist ...

seine Hilfsbereitschaft; sein guter Glaube / Wille; sein Einsatz für Schwache und Arme; dass er uns beschützt; der Schutz, den er uns gibt.

Ich glaube an Jesus, der ...

alle Menschen liebt; sich aufgeopfert hat; armen Menschen hilft und sie heilt; den perfekten Menschen, den Sohn Gottes.

Ich glaube an Gottes guten Geist, der ...

immer bei einem ist, bis man am Ende seines guten vielleicht aber auch schlechten Lebens angelangt ist; einem immer den Weg aus Notsituationen hilft; mir Mut macht; überall ist.

Wozu man Gottes guten Geist braucht ...

um nicht krank zu werden und in den Himmel zu kommen; um beschützt zu werden; um an sich zu glauben; um Selbstvertrauen zu haben.

B GLAUBENSBEKENNTNIS

Gemeinsam sprechen wir ein Glaubensbekenntnis, das wir selbst geschrieben haben. Sie dürfen es gern mitlesen und mitsprechen. Wir erheben uns dazu.

Wir glauben an unseren Gott, unseren Vater, den Allmächtigen, Stärksten und den Schöpfer des Universums und der Erde.

Und wir glauben an Jesus Christus, unseren Herrn, der von der Jungfrau Maria geboren wurde und unter Pontius Pilatus gelitten hatte; gekreuzigt ist er in das Reich der Toten gestiegen. Er lebt in den Menschen weiter. Jesus ist bei seinem Vater, er ist zu uns gekommen, seine Jünger gaben seine Worte weiter: Haben wir unser Leben richtig gelebt?

Wer glaubt an den Geist und an die christliche Kirche? Wir! Nur in Gruppen sind wir stark, wir dürfen neu beginnen, wenn wir Unrechtes getan haben. Die Toten leben in uns weiter, auf dass das Leben immer weiter geht und nie endet. Amen

  H.-G. Beutler-Lotz: Konfirmandenzeit und Konfirmation © 2011, Vandenhoeck & Ruprecht GmbH & Co KG, Göttingen

Bild 1: Allee

Schöne Zeiten im Leben sind …

wenn man endlich mal etwas geschafft hat; das Erwachsenwerden: viele Freunde und die Jugend; die Zeiten, in den ich mit meinen Freunden zusammen bin; Liebe, Gesundheit und Glück; die Kindheit.

Gott, schenke mir schöne Zeiten, weil …

sie einen wieder aufbauen; ich noch mein ganzes Leben vor mir habe; ich glücklich sein möchte; ich sie verdient habe.

Bild 2: Sackgasse

Sackgassen im Leben sind …

Rückschläge im Beruf; Situationen in denen man nicht mehr weiter weiß; Situationen aus denen man nicht mehr hinaus kommt; schwer zu überwinden; schlechte Abschlusszeugnisse.

Wenn ich in einer Sackgasse in meinem Leben lande, dann, mein Gott, …

ist es schwer, wieder heraus zu kommen; hilf mir aus der Sackgasse heraus; beschütze mich; bringe mich heraus; rette mich.

Bild 3: Autobahn

Ich möchte nicht im Schnelldurchgang durchs Leben rasen, weil ...

ich dann das Leben nicht genießen und ausspannen kann; ich dann so manches versäume; ich sonst so schnell am Ende bin; ich noch so viel vorhabe; ich die Freunde des Lebens versäumen würde.

Unterwegs auf meinem Lebensweg brauche ich

Geld, Freunde, Familie, Unterstützung, Hilfe, Selbstbewusstsein, ein gutes Umfeld, Glück, Gesundheit, Liebe, Vertrauen.

Bild 4: Pflasterstraße

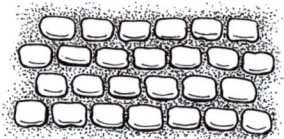

Harte Wege im Leben sind ...

sind schwere Wege und arme Wege; sind schlechte Wege; sind vielleicht auch gute Wege; Einsamkeit, Krankheit; der ganze Schulweg; die Leistungs-Laufbahn.

Gott, bewahre mich vor harten Wegen ...

lass mich keine Schmerzen haben, sie sind mir zu unbequem; sie führen einem zum Stolpern; ich wünsche mir Schuhe an den Füßen, sonst wird das Leben zu einem Todesmarsch.

Bild 5: Kreisverkehr

Wenn ich in einen Kreisel gerate, dann, Gott,

gib mir einen Gedanken, wie ich herauskomme; lass mich doch neue Wege finden; zeig mir den Weg; hilf mir.

 H.-G. Beutler-Lotz: Konfirmandenzeit und Konfirmation © 2011, Vandenhoeck & Ruprecht GmbH & Co KG, Göttingen

Bild 6: Boxengasse

Manchmal muss ich auftanken, wenn ich

in einer schlechten Lage bin; traurig bin; kraftlos bin; keinen Mut mehr habe.

Dann ist es gut, wenn ...

mir jemand dabei hilft; ich nicht allein bin;; doch,auch, wenn ich für mich sein kann; oder wenn ich mit jemanden reden kann; wenn ich alles Wichtige finde.

Bild 7: Kreuzweg

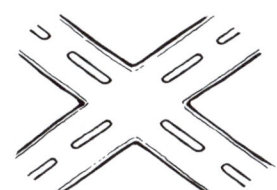

Wenn ich mich entscheiden muss, Gott, dann

gehe ich meinen eigenen Weg; hilf mir dabei, dass ich mich für den richtigen Weg entscheide; zeige mir einen neuen Weg.

Bild 8: Zielgerade

Was ist mein Lebensziel ...

ein sicherer und guter Beruf; alt werden und gesund bleiben; viele Freunde; Sicherheit für mich und meine Mitmenschen; immer glücklich sein; reich zu werden; fröhlich und gesund zu bleiben.

H.-G. Beutler-Lotz: Konfirmandenzeit und Konfirmation © 2011, Vandenhoeck & Ruprecht GmbH & Co KG, Göttingen

Wir haben uns mit Mose beschäftigt. Die wichtigsten Stationen seines Lebens werden wir nun für Sie erzählen – und was uns dazu so eingefallen ist.

a) Die Israeliten als Sklaven in Ägypten

Die Israeliten lebten als Gäste in Ägypten. Ihr Volk wurde immer größer. Der Pharao sprach zu seinem Volk: „Es sind zu viele Israeliten in unserem Land. Wir wollen klug sein und sie nicht noch zahlreicher werden lassen. Sonst kann es geschehen, dass sich die Israeliten in einem Krieg mit unseren Feinden verbünden. Sicher verlieren wir dann noch unser Land." Der Pharao setzte Beamte ein, die zwangen die Israeliten zu schwerer Arbeit. Sie mussten beim Bau großer Städte helfen. Sie mussten Lehm graben und Ziegel brennen und auch auf den Feldern schwer arbeiten. Aber sie vermehrten sich trotzdem und die Ägypter hatten Angst vor ihnen. Da gab der Pharao seinem ganzem Volk den Befehl: „Werft jeden Sohn, der bei den Israeliten geboren wird, in den Nil, nur die Töchter lasst am Leben."

Was wir als Sklaverei empfinden

Ich muss immer …

Hausaufgaben machen; mit dem Hund Gassi gehen; anfangen zu lachen; in Latein gähnen; an dich denken; nett sein; gute Noten schreiben.

Ich komme mir wie ein Sklave vor, wenn ich …

das Haus saugen muss; mit dem Hund gehen soll; abtrocknen helfen soll; mein Zimmer aufräumen soll; den Müll rausbringen muss.

Jeder Tag kann eine Last sein

Morgens	Aufstehen, duschen, frühstücken, Rucksack packen, in die Schule gehen
Mittags	Mittagessen, Hausaufgaben, lernen, Training, duschen
Abends	Abendessen, fernsehen, ins Bett gehen, schlafen

b) Ein Dornbusch brennt: Mose wird von Gott berufen

Weil Mose einen Ägypter erschlagen hatte, musste er fliehen und fand in der Fremde Hilfe und heiratete sogar. Mose hütete für seinen Schwiegervater die Schafe und kam einmal in die Steinwüste an den Gottesberg. Plötzlich sah er einen brennenden Dornbusch. So erschien ihm Gott. Mose dachte: „Ich will mir die Erscheinung ansehen und warum der Dornbusch nicht verbrennt!" Da rief Gott: „Komm nicht näher! Zieh zuerst deine Schuhe aus; du stehst auf heiligem Land!" Und Gott sprach weiter: „Ich habe das Elend meines Volkes gehört, ich will es aus Ägypten retten und in ein Land führen, wo Milch und Honig fließen. Geh zurück nach Ägypten zum Pharao, er soll mein Volk frei lassen." Mose aber sprach: „Herr, wer wird mir glauben?"

Wie wir Gott sehen

Wir sollten ihn malen. Das war gar nicht leicht. Eine hat es für uns versucht. Wir sehen ihr Bild und hören unsere Gedanken ... *(Bild projizieren)*

Gott ist (wie) ...

unsichtbar, unser Beschützer, der Herrscher von der Welt, unser zweiter Vater, ein Held.

Ich stelle mir Gott vor als

Mensch mit Vollbart, mit Glatze, mit einem weißen Gewand, alter Mann.

Gott ist für mich ...

wie ein Beschützer, ein netter Mensch, wie ein Schutzengel in Notfällen.

Aktion: Und wie stellen Sie sich Gott vor?

Sie haben zu Beginn einen Zettel bekommen, auf den dürfen Sie nun aufschreiben oder malen, wie Sie sich jetzt, heute, aus ihrer Erfahrung heraus Gott vorstellen: „Gott ist für mich (wie) ..." Wir sammeln die Zettel dann ein.

c) Katastrophen brechen über Ägypten herein

Noch immer wurden die Israeliten von den Ägyptern versklavt. Sie wollten ihre Freiheit wieder haben, wollten frei kommen und gehen, Gottesdienst feiern und arbeiten. Aber der Pharao ließ es nicht zu. Mose bat Gott um Hilfe. Von da an ereigneten sich Katastrophen in Ägypten, die alle trafen – nur die Israeliten nicht. Die Israeliten sagten: „Das kommt von Gott. Gott hört auf Mose und hilft ihm gegen den Pharao." Die Katastrophen waren diese: Das Wasser in den Flüssen wurde zu Blut. Und dann: eine Froschplage, eine Stechmücken- und eine Ungezieferplage; Viehpest, Geschwüre und Hagel. Heuschrecken, Finsternis, und die erstgeborenen Söhne starben. Da fürchtete sich der Pharao vor Mose und seinem Gott. Er ließ die Israeliten ziehen.

Auch heute gibt es Katastrophen.

Katastrophen der Natur sind ...

Überschwemmungen, Vulkanausbrüche, Klimaerwärmung, Tsunamis, Feuer; die hat aber nicht Gott gemacht, sondern der Mensch.

Katastrophen im Leben sind ...

der Tod, Unfälle, schlechte Noten, Ehebrüche, Krankheiten, keine Freunde.

d) Der Durchzug durch das rote Meer

Die Hebräer flohen vor den Ägyptern und gelangten an ein Meer, das sie nicht überqueren konnten. Moses streckte die Hände zum Himmel und betete. Plötzlich teilte sich das Meer in zwei Hälften und dazwischen entstand ein Weg. Die Israeliten freuten sich und rannten den Weg entlang. Doch der Pharao kam mit seinen Soldaten und wollte sie wieder einfangen. Als alle Israeliten auf der anderen Seite waren, floss das Wasser zurück und alle Ägypter ertranken in den Fluten. Die Hebräer freuten sich, dass sie die Ägypter endlich los waren. Sie sagten: „Gott sei Dank! Er hat uns gerettet."

Durch welche Untiefen werden wir gut durchkommen?

Einen Augenblick Stille

 H.-G. Beutler-Lotz: Konfirmandenzeit und Konfirmation © 2011, Vandenhoeck & Ruprecht GmbH & Co KG, Göttingen

e) Die Israeliten in der Wüste

Drei Tage wanderten sie in der Wüste und fanden kein Wasser. Dann kamen sie nach Mara, aber auch das Wasser von Mara konnten sie nicht trinken, weil es zu bitter war. Mose warf ein Stück Holz in das Wasser und es wurde süß. Und Mose sprach: „Gott will euch Brot vom Himmel regnen lassen. Geht und sammelt täglich. Am sechsten Tag wird es doppelt so viel sein, für euren freien Tag, den Sabbat." Und so geschah es. Sie nannten das Brot Manna und es schmeckte wie Semmel mit Honig.

Als es alle war, fingen alle an zu weinen und zu klagen: In Ägypten gab es wenigstens gelegentlich Fleisch. Wie soll es hier jemals Fleisch geben? Da sprach Mose: „Gott wird uns mit Fleisch versorgen." Und am nächsten Tag fanden sie Zugvögel, Wachteln, die erschöpft waren und die sie leicht fangen konnten. Da hatten sie Fleisch in der Wüste. „Gott sei Dank!", sagten sie.

Drei Dias von der Wüste zeigen

Manch einer war schon im Urlaub in der Wüste: Überall Sand, kein Weg ist zu erkennen, heiß scheint die Sonne, abends ist es kalt, ohne Führer kommt jeder hier um und ohne Wasser, Oasen sind für alle wichtig. Die Wüste kann ein schöner Ort sein, aber es ist leider sehr warm und es gibt dort kaum Wasser und auch nicht viel Nahrung. Es ist schwer dort zu überleben.

In den Wüsten des Lebens wollen wir überleben.
Ich kann nicht leben ohne …

Wasser, Nahrung, Sauerstoff, Liebe, Hoffnung, Familie.

Städte können wie Wüsten sein

weil manche Menschen es schwer haben, dort zu leben: alte und kranke Menschen, Kinder, arbeitslose Menschen, ausländische Menschen, behinderte Menschen, obdachlose Menschen, arme Menschen und Jugendliche.

Wir können das Leben anderen zur Wüste machen …

wenn wir sie verachten, auslachen, ihnen nicht helfen, nicht teilen.

f) Die Geschichte mit dem goldenes Kalb

Die Israeliten machten am Gottesberg Pause und Mose stieg hinauf. Weil Mose scheinbar nicht mehr zurückkam, wurden alle unruhig und verzweifelten. Sie glaubten, Gott hätte versagt, und suchten sich einfach einen neuen. Dazu sammelten sie alles Gold, das sie auftreiben konnten, und verschmolzen es zu einem Gottesabbild – einem Stier. Mose war entsetzt, als er mit den 10 Geboten zurückkam und den gebrochenen Glauben vorfand. Er zerschmetterte die Tafeln der 10 Gebote und zerschmolz das Stierbild im Feuer. „Wer will denn schon an einen selbstgemachten Gott glauben?"

Musik: Unser 10-Gebote-Rap

Damals gab es Mose. Er bekam die 10 Gebote.

Diese las er den Leuten vor; diese hörten sie nicht nur mit einem Ohr.

Mose sagte zu den Jungen und Alten,

dass sie sich an die Gebote sollen halten.

Doch einige glaubten ihm nicht.

Aber dann brachte der Herr die Wahrheit ans Licht.

Refrain: Die 10 Gebote hier, / die 10 Gebote da,
die 10 Gebote sind doch wunderbar!

Du sollst nicht Ehe brechen, du sollst nicht töten,

du sollst nicht lügen, du sollst nicht stehlen.

Ja, das sind sonst schlimme Dinge, die uns quälen.

Und deshalb gab Gott Mose aus Sorge um uns die 10 Gebote.

Refrain

Du sollst nicht begehren deines nächsten Hab und Gut.

Ja, dieses Gebot finde ich besonders gut!

Du sollst den Sabbat heiligen

und deine Freunde verteidigen.

Du sollst nicht begehren deines Nächsten Frau.

Sonst wird der Mann von ihr zur Sau.

Refrain

Du sollst deine Eltern ehren und für sie die Straße kehren.

Du sollst Gottes Namen nicht missbrauchen,

denn dies würde ihn ganz schön schlauchen.

Du sollst keine anderen Götter haben neben dem Herrn,

denn das hat er überhaupt nicht gern.

Refrain

Jeder kennt die 10 Gebote, aber nur wenige halten sich daran.

Mir fällt es schwer, Regeln einzuhalten

weil manche Regeln keinen Sinn ergeben; weil sich jeder daran halten müsste, weil ich dann Kompromisse machen und zurückstecken müsste.

g) Die nächste Generation kommt ins gelobte Land

Mose hörte Gottes Stimme: „Steige auf den Berg Nebo. Von dort kannst du das Land Kanaan schauen, das ich den Söhnen Israels geben will. Auf dem Berg sollst du sterben, du wirst heimgeholt zu deinen Vätern. Auch Aaron wird sterben, ihr seid allzu müde geworden auf dem langen Weg durch die Wüste. Aber du wirst das Land sehen, das du gesucht hast." Und Mose sah das weite, schöne Land, das Gott seinem Volk versprochen hatte. Und er starb und wurde im Tal begraben.

Erst die nächste Generation konnte in das Land einwandern. Und Josua sagte dem Volk an Moses Stelle, was Gott sprach: Groß ist das Land. Es reicht von der Wüste und dem Libanon bis zum Strom Eufrat. Niemand soll euch aufhalten, solange ihr lebt. Mose habe ich geholfen und war immer bei ihm. So will ich auch mit euch sein. Ich lasse euch nicht allein. Meine Hilfe bleibt bei euch. Seid stark und mutig und haltet euch an alle meine Worte, die ich Mose, meinem Knecht, befohlen habe. Geht nicht davon ab, nicht nach rechts und nicht nach links, dann werdet ihr Erfolg haben in allem, was ihr tut. Haltet euch fest an meine Gebote. Erinnert euch jeden Tag an sie. Habt keine Angst! Fürchtet euch nicht! Der Herr, euer Gott ist bei euch, wo ihr geht, und bei allem, was ihr tun werdet.

Vieles erreichen wir. Vieles fällt uns in den Schoß.

Ich finde es gut, dass …

ich Eltern und Freunde habe; es Hilfsorganisationen gibt; es viele nette und liebe Menschen gibt; meine Freunde zu mir halten.

Wir danken Gott …

für unser Leben, für unsere Familien, für unsere Freunde; für unsere Gesundheit, für unsere Häuser; dass es Liebe gibt; dass wir Frieden haben.

Ich danke Gott für seine Gaben; mein Leben; meine Gesundheit; gute Zeiten.

Ohne ein Ziel im Leben sind wir arm.
Meine Ziele haben immer auch mit den anderen zu tun.

Ich möchte gern …

geliebt werden; nicht geschlagen werden; lange leben; volljährig werden; Freiheit haben; viel Spaß erleben; lange gesund bleiben; einen guten Beruf finden, eine Familie haben und Kinder bekommen; dass alles so bleibt wie in der Kindheit.

So hat alles seine Zeit …

Wir gehen unsere Wege. Und hoffen, dass manche unserer Träume wahr werden. Wir bemühen uns.

Weil wir uns über vieles freuen können und für vieles dankbar sind, wollen wir für jene beten, denen es nicht so gut geht. Wir erheben uns und falten unsere Hände. Wir denken an die armen Menschen in Afrika, Asien und im Kosovo und in Mozambique, weil viele kein Dach über dem Kopf und nichts zu essen haben. Unser Land kann diesen Menschen helfen durch Spenden oder durch Hilfstruppen, die dort dann Zelte und Wasseraufbereitungsanlagen aufbauen und für Essen, Kleidung und Decken sorgen. Wir bitten dich, Gott:

Herr, erbarme dich

Wir denken an die viele Kinder in Lateinamerika, die für wenig Geld arbeiten müssen und kaum was zu essen kriegen. Wir sollten alle mehr darauf achten, wo und wie die Sachen hergestellt werden, die wir hier so günstig kaufen. Wir bitten dich, Gott:

Herr, erbarme dich

Wir denken an die obdachlosen Frauen und Männer, die alle Tage auf den Straßen leben müssen. Hilfsorganisationen können ihnen mit unseren Spenden Essen und Kleidung geben, Aufenthaltsräume und Schlafplätze und ihnen Möglichkeiten zum wieder Sesshaftwerden anbieten. Wir bitten dich, Gott:

Herr, erbarme dich

Wir bitten um Gesundheit für alle Menschen und um die Kraft, auch mit Krankheiten zu leben. Zeige uns, wie wir alle Tage einander helfen und beistehen können. Wir bitten dich, Gott:

Herr, erbarme dich

Wir bitten für das Ende aller Kriege, damit keine Menschen mehr ermordet werden. Zeige uns, wie wir über alle Unterschiede Verständnis füreinander aufbringen und wie wir über alle Grenzen gute Verbindungen finden …

Wenn der Boden unter meinen Füßen schwankt, reichst du mir deine Hand und hältst mich fest. Wenn ich keinen Boden mehr unter den Füßen habe, stellst du mich auf festen Grund. Wenn die Erde sich auftut, um mich zu verschlingen, umgibst du mich mit deiner Liebe, denn dein Reich ist nicht zu zerstören. So bleibe bei uns mit deinem Segen für Leib und Seele. So bleibe bei uns mit deiner Kraft für Geist und Sinn. So bleibe bei uns mit deiner Liebe auf allen unseren Wegen. Bleibe bei uns, Herr mit deinem Segen.

Gehet nun hin in Frieden, ihr Christen. Gehet, soweit Gott euch begleitet. Er begleite euch auf all euren Wegen. Er schütze alle Lebewesen. Er mache uns zu Helfern seines guten Willens.

Es segne euch Gott, der Vater, der Sohn und der Heilige Geist. (Alle:) Amen.

3.3.4 Von der Wiege bis zur Bahre – Stationen des Lebens

Der Lebenslauf eines Menschen gleicht einem Weg mit vielen Stationen (Eintritt ins Leben, Einschulung, Erwachsenwerden, Heiraten usw. bis zum Ende des Lebens). Die Kirche macht dazu Angebote. Die Konfirmanden haben sich mit Taufe und Beerdigung beschäftigt und dazwischen mit den Grundlagen des Lebens (in der Geschichte vom reichen Kornbauern, Lk 12,16–21).

Gottesdienstablauf		
Musik	Aktuelles nach Konfi-Geschmack Alle: Laudato si	CD EG 515
Psalm	Psalm 23	Die Gemeinde liest, die Konfis sprechen auswendig (?)
Eröffnung	Lebenslauf	→E: Anspiel der Konfis
Lied	Unser Leben sei ein Fest	In den Regionalteilen des EG
Thema I	Station Geburt und Familie	→T1; zu dieser wie zu den folgenden Stationen gibt es Poster der Konfis und Geräusche
Bekenntnis	Pro und Kontra „Glauben"	→B: Szenen; Texte der Konfis
Thema II	Station Taufe	→T2 Gedanken zur Taufe (evtl. Taufen)
Lied	Ich möcht, dass einer mit mir geht	EG 209
Thema III	Bilder vom Leben	→T3 Leben als Würfelspiel oder Mannschaftssport?, Lk 12
Thema IV	Station Sich binden	→T4
Thema V	Station Sterben	→T5
Gebet	Fürbitten, Vaterunser	Kirchenvorstand für die Konfis
Segen		

Das Leben ist wie ein Weg. Man kommt auf die Welt. Frau kommt auf die Welt. Und wir können uns unsere Eltern nicht aussuchen. Auch nicht die Zeit und die Umstände, in denen wir das Licht der Welt erblicken.

Als Mädchen oder Junge kommen wir an und sind noch nicht fertig, entwickeln uns und brauchen andere. Wir sind alle Frühgeburten, weil wir nicht allein überleben können und vieles Lebenswichtige erst lernen müssen.

Das Baby kann nicht für sich selbst entscheiden, braucht noch ganz viel Hilfe und Fürsorge. Was Kinder alles lernen müssen: krabbeln, gehen, laufen, sprechen, sich mitteilen, mit anderen teilen, höflich sein – einfach alles, ach, einfach alles.

Szene

A	Und was musst du noch lernen?
B	Ich?
A	Ja!
B	Na, Mathe, Deutsch, Englisch, Beten, Singen, Kochen, Liebe, einen Beruf …
A	Na, auch nicht wenig.
B	Nö, du doch auch.
A	Man lernt nie aus. Immer gibt es was dazuzulernen.
B	Das ganze Leben?
A	Ja, das ganze Leben.
B	Ist man nie fertig?
A	Eigentlich nicht, nur halb halt. Lebenslang gibt's Neues …

Bild / Hörbild (z. B. Schreien und Stöhnen und Kindergeschrei)

Kinder sollen …

> gut behandelt werden; Eltern haben und eine schöne Kindheit; Kinder sollen glücklich werden und eine Zukunft haben; im Leben viel Spaß haben und fröhlich sein.

Kinder haben es nicht leicht …

> wenn sie schlecht in der Schule sind und die Lehrer sie runtermachen; wenn sie schwul sind und zu Hause Stress haben; wenn sie oft übersehen oder abgestempelt werden; wenn es keine Lehrstellen gibt oder bei der Jobsuche; wenn sie krank sind und operiert werden müssen.

Szene: Ich und Du

A	Also!
B	Also was?
A	Also, ich brauche viel Zuneigung, viel Liebe, ein Zuhause, Freunde …
B	Ok, und was gibst du selbst?
A	Was soll ich geben?! Ich *brauche*. Ich brauche Geld, Essen, gute Noten …
B	Ich habe es schon kapiert, aber was tust du dafür?
A	Wie meinst du das? Du willst … Ja, ich brauche zum Leben so meine Sachen
B	und deine Leute, na klar. Du bist wie ein Automotor, brauchst ständig Sprit.
A	Na und!
B	Und wen nimmst du mit? Was leistest du? Was gibst du selbst ab?
A	Ich??
B	Ja, du.

Bild / Hörbild (z. B. Stimmen durcheinander, Streit, „Happy birthday")

Eine Familie zu haben ist toll ...

Es ist das Beste, was man haben kann; man braucht ja Liebe und Zuneigung.

Familie kannst du doch vergessen ...

denn da gibt es nur Ärger. Die können dir auch nicht immer helfen. Und manchmal sind sie ziemlich unfair. Familie ist cool, wenn die Alten nicht da sind.

Eltern dürfen nicht ...

ihre Kinder einengen, lange einsperren, misshandeln, schlagen, vergewaltigen, töten; einfach abhauen und ihre Kinder im Stich lassen.

Eltern sollen ...

ihren Kindern zeigen, dass sie sie lieb haben, sich um ihre Probleme kümmern, mit ihnen wegfahren; immer schön lieb sein; nicht streiten; keinen Stress machen; sollen ihren Kindern alles beibringen, was sie in der harten Welt brauchen; nicht zu sehr verwöhnen; sich nicht in alles einmischen.

Geschwister sind voll cool ...

weil sie fast immer für mich da sind; weil ich ihnen erzählen kann, wenn ich mit Freunden Ärger habe. Geschwister sind zum Ärgern da. Und manchmal auch zum Knuddeln.

Großeltern sind wichtig ...

weil sie dir helfen können und dir jeden Wunsch von den Lippen ablesen; wenn sie gute Renten haben, weil sei dann blechen können; weil sie sich um die Kindern kümmern können und mit dir spielen; weil man sie vieles fragen kann und sie dir ihre Erfahrungen weitergeben.

Bild / Hörbild (z. B. Gebetsgemurmel, Amen, Kirchenglocken)

Kinder glauben …

> alles, was man ihnen erzählt; an den Weihnachtsmann und den Osterhasen und das ewige Leben; an Gott, wenn sie Geschichten erzählt bekommen, sonst können sie nichts glauben. Viele Kinder glauben an Gott.

Ich nicht. Ich bin groß!

Manche Eltern glauben …

> dass ihre Kinder die Besten sind. Manche Eltern denken nix Gutes und glauben ihren Kindern nicht. Manche Eltern glauben nichts, weil sie keinen Glauben haben.

Szene 1

A	Eltern glauben an Gott, weil er ihnen hilft.
B	Beten deine Eltern?
A	Keine Ahnung.
B	Meine glauben so etwas nicht, weil sie logisch denken.
A	Und du? Was glaubst du?
B	Ich brauche Gott nicht, weil ich nicht an ihn glaube. Er hilft mir eh nicht.
A	Also, ich glaube an ihn. Gott braucht man zum Leben.

Szene 2

B	Ich brauche Jesus nicht, denn er ist mir nicht wichtig.
A	Na ja. Mir ist Gott wichtiger, weil er auf mich aufpasst.
B	Kindergeschichten. Das Leben sieht anders aus.
A	Ich denke von Gott: Er beschützt und behütet uns. Er begleitet uns auf unseren Wegen und entscheidet über Tod und Leben.
C	Ich denke von Jesus, dass er Gottes Sohn war, dass Gott ihn akzeptiert hat.

D	Ich denke von Jesus, dass er ein guter Mensch war, dass er Gutes getan hat und uns immer noch beisteht, dass er mit seinem Leben viel verändert hat für alle.
B	Ich brauche die Kirche nicht. Fußball ist wichtiger und Schule und Arbeit und alles.
A	Ich brauch die Kirche schon. Ich will dazugehören. Mit anderen geht vieles besser.
B	Der Glaube ist tot, wenn er nicht gelebt wird. Ein Glaube ohne gute Werke, kannst du doch glatt vergessen, ist so hohl wie eine Sprechblase.
A	Freunde Jesu können zu Jesus sprechen, beten, über Jesus reden, vielleicht sogar Berge versetzen und viel erreichen.

Ich glaube an Gott,

den Schöpfer der Welt. Er schuf aus dem Nichts die Welt mit Mensch und Tier. Er kann sogar aus Bösem Gutes werden lassen.

Ich glaube an Jesus Christus,

der sich kreuzigen ließ für die Menschen. Er hatte viele gute Ideen und lebte die Liebe. Er war einer von uns und Gott weckte ihn wieder auf.

Ich glaube an den Heiligen Geist

und die Gemeinschaft, die mich unterstützt.

 H.-G. Beutler-Lotz: Konfirmandenzeit und Konfirmation © 2011, Vandenhoeck & Ruprecht GmbH & Co KG, Göttingen

Bild / Hörbild (z. B. Taufformel und Wasserplätschern und Babygeschrei)

Kinder werden getauft …

> damit sie eine Religion haben; damit sie Gott ein Stück näher sind; damit sie dazugehören.

Wer getauft ist …

> gehört zu Gott und zu Jesus und ist nicht mehr allein; gehört zur Gemeinde und soll als Christ leben; kann ja zu seiner Taufe sagen und konfirmiert zu werden; kann Pate werden und Kirchenvorsteher; kann kirchlich heiraten und kirchlich beerdigt werden.

Christen …

> glauben; beschäftigen sich mit Gott und Jesus; stehen hinter der Kirche; denken nach und handeln.

Szene 1

A	Die Taufe ist wie ein Vertrag mit Gott. Im Gegensatz zu dir verträgt sich Gott mit mir.
B	So?! Und verträgst dich mit ihm?
A	Irgendwie schon.
B	Motto: Eine Hand wäscht die andere!
A	Nein. Eher: Er ist mir gut und ich bin ihm gut.
B	Aha. Und ich bin dir nicht gut?
A	Nee, nicht wirklich.
B	Da habe ich noch nichts von gemerkt.
A	Das ist aber typisch für dich. Viel im Kopf und nix im Herz.
B	Ich kann dich schon leiden …
A	Aber wohl nicht richtig zeigen, wie?
B	Ist das mit Gott anders?

A	Doch! Gott sagt bei der Taufe: Ich segne dich, du sollst ein Segen sein. Ich will dein Glück und du sollst andere glücklich machen.
B	Ja, aber kann man das auch spüren?
A	Gute Frage. Da ist noch was … Menschen werden auf den Tod Jesus getauft.
B	Na, schöne Aussichten. Der wurde doch umgebracht.
A	Christen halten halt ihren Kopf hin.
B	Für andere?
A	Sieht so aus.
B	Menschen werden also auf den Tod Jesu getauft.
A	Ja, weil der sich nicht zur Wehr gesetzt hat, sondern nach seinem Tod von Gott wieder auferweckt wurde.
B	Wer getauft ist, soll also …
A	… gut leben, neu leben, anders leben, aufmerksam und an Ende auch auferweckt werden.
B	Ziemlich verrückt. Oder … ?

T3 BILDER VOM LEBEN

Einige würfeln

A	Das Leben ist wie ein Mensch-ärgere-dich-nicht-Spiel. Es gibt Gewinner und Verlierer. Immer und von jedem kann man rausgeschmissen werden. Nicht jeder kommt ans Ziel. Wer rausgeschmissen wird, kann von vorn anfangen. Man muss sich anstrengen, um etwas zu erreichen. Aber die Würfel fallen zufällig.
B	Das ist doch kein Spiel, sondern ein Wettkampf. Da ist mein Nachbar mein potenzieller Feind.
C	Die Frage bleibt: Welche Rolle spielt Gott im Spiel meines Lebens?

Gong

Einige spielen Fußball

A	Das Leben ist wie ein Fußball-Spiel. Mal gewinnt die Mannschaft, mal verliert sie. Oft wird man gefoult (bei der Arbeit, in der Schule, sogar durch Freunde und in der Familie.) Aber es gibt auch immer einen, der einen auffängt so wie der Torwart den Ball. Wunden werden geheilt. Freunde helfen wie Sanitäter auf dem Platz. Es gibt Verwarnungen. Für den ordnungsgemäßen Ablauf sorgt der Schiedsrichter.

B Die Regeln sind eigentlich allen klar – im Leben wie auf dem Platz. Stets ist man auf viele Leute angewiesen, jeder Spieler einer Mannschaft ist wichtig. Der Ball hält das Spiel im Laufen. Es gibt Spielerverluste und Auswechselspieler. An manchen Stellen gibt es auch Konkurrenz im Sturm zum Beispiel oder die Frage: Wer schießt die meisten Tore?

Gong

Aus dem Lukasevangelium: Der reiche Kornbauer (Lukas 12,13–21):

Möglichkeit: verteilte Rollen, Bilder einblenden oder Szenen stellen

Dieser Jesus macht doch einen guten Eindruck. Er spricht voller Weisheit. In allen Lebenslagen kann er raten. – So dachte einer und fragte Jesus: „Meister, zwischen meinem Bruder und mir gibt's Ärger. Sage ihm doch bitte, dass er mit mir teile."

Jesus antwortete ihn: „Mensch, ich bin doch kein Streitschlichter, kein Richter und kein Schriftgelehrter, der auch Jurist ist. Mein Auftrag ist ein anderer. Euch allen rate ich: Hütet euch vor Habgier! Verliebt euch nicht in das Geld, denn Geldliebe führt zum Götzendienst. Niemand lebt davon, dass er viele Güter hat. Lebensqualität ist etwas ganz anderes.

Und Jesus erzählte ihnen eine Geschichte:

Es war ein reicher Kornbauer. Die Ernte war ausgezeichnet, ja, so gut, dass seine Scheunen zu klein wurden. „Was soll ich nur tun?", sorgte er sich. „Ich habe keine Räume mehr, in die ich alle meine Früchte sammeln kann."

Weil er nicht dumm war, kam er auf die Idee: Ich reiße meine alten Scheunen ab und baue neue doppelstöckige, dann habe ich Platz genug. Alle meine Vorräte sollen dort lagern. Dann kann ich beruhigt zu mir sagen: „Meine liebe Seele, du hast gut vorgesorgt. Du kannst ganz beruhigt sein. Nun hast du einen Vorrat für viele Jahre. Iss und trink, sei fröhlich und lustig, sieh guten Mutes in die Zukunft. Nichts kann dir passieren. Du bist abgesichert. Genieße, was du hast."

„Du Dummkopf!", spricht Gott zu ihm. „Du Tor, du hast nur an dich selbst gedacht, mich hast du vergessen und deinen Nachbarn auch. Nichts von bleibendem Wert hast du gesammelt. Deine Seele, für die du so sorgtest, wird heute Nacht noch von dir gefordert. Wem wird dann alles gehören, was du angehäuft hast, wenn du tot bist? Deiner Seele nicht. Sie ist bettelarm."

So ergeht es dem Menschen, der sich Schätze sammelt auf Erden und nicht reich ist vor Gott.

Gong oder Halleluja

Vom Ende her denken

A   Wenn ich zu Grabe getragen werde, sollen die Leute sagen: Was war das für ein netter, schöner, intelligenter und hilfsbereiter Mensch!

B   An meinem Grab sollen sie sagen: Sie war ein sehr hilfsbereiter, offenherziger Mensch. Sie war immer für andere da. Sie hat sogar ihr eigenes Glück zurückgestellt für andere. Sie sah supertoll aus und war doch nicht eingebildet.

C   Wenn man mich eines Tages zu Grabe trägt, sollen die Menschen sagen: Sie war ein Familienmensch und hat sich immer für ihre Familie eingesetzt. Sie hat ihr Leben genossen und starb plötzlich und unerwartet, glücklich und zufrieden mit ihrem Leben.

D   Bei mir sollen sie sagen: Er war ein lieber, hilfsbereiter und einzigartiger Mann, der immer zuerst an die anderen dachte. Er war einer der besten Fußballspieler in D., die es je gab.

E   An meinem Sarg können sie sagen: Er hat sich zu Tode geraucht. Er war ein böser Mensch. Ihr könnt ihn vergessen.

Bild / Hörbild (z. B. Glocken, Hochzeitsmarsch

Was ich gern möchte …

> mich mit anderen zusammen tun; mich verlieben und verloben; mich binden und heiraten; eine Familie gründen; zusammen etwas aufbauen.

Mit einem Kind wird alles anders …

> Die Beziehung wird schöner; man wird eine Familie; man hat jetzt Verantwortung; kann nicht mehr alles machen.

Wenn meine Freundin schwanger wird …

> Sagt der Junge: Ich freue mich auf das Baby und werde dir beistehen? Oder sagt er: Was geht es mich an? Sie soll abtreiben … ?

Wenn meine Freundin schwanger wird …

> Sagt die Freundin: O, wie schön, ich werde Patentante. Ich helfe dir so gut ich kann.

Wenn ich schwanger bin …

> wär ich bestimmt ganz durcheinander, denn ich bin noch zu jung.

Ich möchte Kinder …

> denn ich liebe es, jemanden zu knuddeln, und ich möchte eine Familie.

Wenn ich Kinder habe …

> dann liebe ich sie, dann kümmere ich mich immer um sie; mache ich alles für sie, alles.

Nein, ich möchte keine Kinder ...

die nerven doch nur, lassen einen nicht schlafen, regen einen immer auf.

Ich lasse meine Kinder taufen ...

weil sie auch das Recht haben sollen, den christlichen Glauben anzunehmen. Ich
will ihnen einen Halt geben, einen Ort, wo sie hinkönnen.

Ich werde meine Kinder nicht taufen lassen.

Sie sollen sich mal selbst entscheiden, ob sie von Gott was wissen wollen und zur
Gemeinde gehören wollen. Ich brauch das alles nicht.

T5 STATION: STERBEN

Bild / Hörbild (z. B. Piepsen von Geräten, Martinshorn)

A	Vor dem Tod habe ich Angst, weil dann alles aus ist und ich mir das nicht vorstellen kann.
B	Sterben ist nicht schön, es kann aber auch eine Erlösung sein.
C	Beim Sterben möchte ich keine Qualen erleiden und in Ruhe gelassen werden.
D	Zum Sterben brauche ich Fürsorge und Freunde und Zeit, Abschied zu nehmen.
E	Ich möchte zu Hause sterben – kurz und schmerzlos und nicht allein.
F	Ich möchte sterben wie ein Held: großer Auftritt und peng.

Was ich zurücklassen werde ...

sind alle, die ich kenne, meine Familie, Freunde und Verwandte, und alles, was ich
habe, Haus und Geld.

Die Beerdigung

Bild / Hörbild (z. B. Schluchzen, Schniefen, Erde schaufeln)

Bei meiner Beerdigung ...

will ich im Sarg liegen und viele Blumen haben; soll Rockmusik gespielt werden; sollen alle schön trauern; sollen nicht alle vor Selbstmitleid zerfließen.

Szene: Wenn ich tot bin, da lacht die Welt.

A	Wenn ich tot bin, lacht die Welt.
B	Glaubst du das wirklich?
C	Wenn ich tot bin, guck ich auf meine Familie oder treff alte Freunde wieder.
B	Quatsch, wenn du tot bist, bekommst du nichts mehr mit und die anderen müssen deine Leiche wegschaffen.
D	Ich möchte im Sarg liegen.
B	Ist doch egal.
D	Ich möchte aber im Sarg liegen und dann ein Grab haben, vielleicht unter Bäumen.
A	Ich will in eine Urne, oder noch besser: Meine Asche sollen sie über dem Meer verstreuen.
B	Das geht doch bei uns nicht, hat die Frau im Bestattungsinstitut gesagt.
A	Blöd. Habe ich nicht mitbekommen.
B	Wie immer.

3.3.5 Wer ist behindert, wer normal? – Heilung des Gelähmten

Um sich gegenseitig abzuwerten, verwenden Jugendliche die Redewendung „Du bist behindert." Nach Erfahrungen mit Behinderten geht diese Formulierung nicht mehr so leicht über die Lippen. Konfis reflektieren ihren Umgang mit „Behinderten" und fragen nach dem „Normalen". Zur Identitätsbildung ist Abgrenzung nötig – nicht aber Abwertung.

Gottesdienstablauf		
Musik	Morgenlicht leuchtet	EG 455; besser auf Englisch?
Psalm	Psalm 146	→P: Von Konfis formuliert; mit Kehrvers der Gemeinde: „Ich will dem Herrn singen" EG 340
Thema I	Du bist voll behindert – und was bin ich?	→T1: Anspiel der Konfis; Standortbestimmung
Lied	Hilf, Herr meines Lebens	EG 419
Thema II	Behinderte im Alltag und in der Diakonie	→T2: Szenen der Begegnung; anschließend Bilder der inklusiven Freizeit (die wir durchgeführt hatten)
Lied	Laudato si	
Thema III	Wir und Jesus und seine Geschichten	→T3: Einführung und Spiel: Jesus heilt den Aussätzigen
Bekenntnis	Alt und neu	→B: Text der Konfis, unterbrochen von den drei Teilen des Apostolikums (Gemeinde)
Gebet	Dank und Bitte und Vaterunser	
Lied	Komm, Herr, segne uns	EG 170
Segen		

Wir beten einen alten Psalm in neuen Worten. Wir wechseln uns ab und singen zwischendrin einen Vers aus dem ursprünglichen Loblied auf Gott.

Alle   *Ich will dem Herrn singen mein Leben lang, und meinen Gott loben, und*
meinen Gott loben, solange ich bin.
Gott, wir freuen uns auf schöne Feiertage und Wochenenden,
auf unsere Konfirmation und Ferien.
Freundliche Menschen tun uns gut und Musik ist schön.
Wenn es meiner Familie gut geht und Freunde hinter mir stehen,
bin ich zufrieden. Wenn ich Arbeit habe
und gut leben kann, will ich mich nicht beklagen.

Alle   *Ich will dem Herrn singen …*
Gott, deine Welt ist voller Bestimmer. Die Bosse jagen mir Angst ein.
Sie wollen mir weismachen, dass sie besser sind als ich.
Sie erklären Kriege für unvermeidbar und
Geld zum wichtigsten in der Welt.
Wer aus der Reihe tanzt, wird fertig gemacht.
In den Augen der Mächtigen bin ich nichts,
du aber siehst und liebst mich.

Alle   *Ich will dem Herrn singen …*
Gott, dir kann ich vertrauen.
Du machst einen nicht fertig, sondern richtest einen auf.
Du drehst uns nicht die Luft ab, sondern schenkst uns Leben.
Du hältst uns die Treue. Du öffnest uns die Augen.
Du willst Frieden statt Streit, Gerechtigkeit statt Unrecht.
Du willst, dass alle satt werden und glücklich leben können.

Alle   *Ich will dem Herrn singen …*
Gott, schenkt uns die Kraft, die wir brauchen.
Mach uns fit und mutig. Amen

H.-G. Beutler-Lotz: Konfirmandenzeit und Konfirmation © 2011, Vandenhoeck & Ruprecht GmbH & Co KG, Göttingen

Anspiel

A   Du bist behindert, wenn du anders bist als die meisten.

B   Dann glotzen dich alle anderen an, doof wie Monster!

Wer ist da behindert?

A   Du bist behindert, wenn du nicht richtig sprechen kannst.

B   Wie viele Leute reden Mist!

Wer ist da behindert?

A   Du bist behindert, wenn du in die Sonderschule gehst.

B   Findest du deine Schule gut?

A   Du bist behindert, wenn du nicht allein leben kannst.

B   Brauchst du niemals jemand?

C   Bruder und Schwester, Oma und Opa, Tante und Onkel, Verwandte und Unbe-
         kannte, Nachbar und Zufallsbekannte, Schulkameraden und Lehrer, Trainer und
         Vereinskameraden, Freunde und Freundinnen, Junge und Alte – immer haben wir
         mit anderen zu tun und das ist nicht einfach.

Zusammenleben

Du bist behindert ...

         du nervst mich, wenn du mir zu nahe kommst; du nervst mich mit deinem ständi-
         gen Gefrage; mit deinem ewigen Selbstmitleid. mit deinem ständigen Anmotzen.
         mit deinen Wiederholungen. Du nervst mich mit deiner Art.

Du hast doch einen Knall ...

         Du denkst, ich will ich zu deinem Geburtstag kommen. Du denkst, ich mag dich
         nicht. Du denkst, ich lüge dich an. Du denkst, ich lasse dich sitzen. Du schätzt mich
         völlig falsch ein. Du redest nur von dir. Du hältst dich für den Besten. Du beleidigst
         die andere. Dabei hast du keine Ahnung. Du quälst Tiere. Du schlägst Leute. Du
         benimmst dich wie ein Idiot.

Ich und die anderen

Ich bin ganz okay …

denn ich versuche anderen Menschen in schwierigen Situationen zu helfen; denn ich verurteile nicht gleich andere Leute, die ich nicht genau kenne; denn ich habe nichts gegen Menschen, die nicht so sind wie ich; denn ich bin ganz nett und kann gut zuhören.

Die anderen spinnen …

weil sie Krieg machen; weil sie ständig stören; weil sie immer was zu meckern haben; weil sie andere verurteilen; weil sie nicht an sich selbst glauben.

Behindert ist …

wer körperlich oder geistig eingeschränkt ist von Geburt an oder durch eine Krankheit oder durch einen Unfall. Keiner kann dafür etwas.

Behindert ist …

bei uns ein Schimpfwort. Behinderte werden schief angesehen. Behinderte sind Menschen wie du und ich, nur anders. Und anders ist jeder.

Gleich und Ungleich …

Wir wollen das Leben auf die Reihe bekommen. Wir arbeiten mit Schubladen: Alles, was wir Erleben, sortieren wir ein in „schwarz–weiß", „gut–böse", „Freund–Feind", „bekannt–unbekannt", „neu–alt". Um sich zurechtzufinden, sind solche Schubladen wichtig. Aber oft engen sie auch ein. Genaues Hinsehen lohnt sich immer.

Wenn alle Leute gleich wären …

Das wäre langweilig. Jeder hätte die gleichen Hobbys. Die Art, wie er sich verhält, und das, was er trägt, alles wäre gleich. Man würde keinen unterscheiden können. Keiner wäre interessanter als der andere, kleiner, klüger oder dümmer. Man würde keinen Menschen finden, keinen, der der anders ist, und keinen, der was

H.-G. Beutler-Lotz: Konfirmandenzeit und Konfirmation © 2011, Vandenhoeck & Ruprecht GmbH & Co KG, Göttingen

Besonderes an sich hat. Jeder würde wissen, was der andere mag oder nicht mag. Man könnte sich nicht mehr unterhalten, nicht mehr streiten und nicht mehr lieben. Alles ist irgendwie egal. Man könnte gleich von der Klippe springen.

Wir Menschen sind wie Farben: vielfältig, mit vielen Farbstichen, mit vielen Feinheiten und Nuancen. Wenn der Regenbogen seine Farben verliert, wird er zum Grauschleier.

Jeder ist einmalig, etwas Besonderes. Wir wollen entdeckt werden: unsere Besonderheiten, Vorzüge, Stärken.

Ich kann gut ...

reiten; tanzen; schwimmen; diskutieren und zuhören; Briefe schreiben; Fahrrad fahren; Fußball spielen; Bauchtanz machen; meine Tiere versorgen; Cocktails mixen; mit Elektrogeräten umgehen; Freunden helfen ...

Normal

A	Wir wollen normal sein.
B	Normal ist, dass man jeden so nimmt, wie er ist.
A	Nee, dass die Mehrheit bestimmt und man sich an Gruppen anpassen muss.
B	Normal ist, dass alles zusammenpasst.
A	Nee, du musst lange suchen, bis du Freunde gefunden hast und deinen Platz.
B	Normal ist, dass jeder gibt und nimmt.
A	Nee, dass einige immer absahnen und manche immer zu kurz kommen.
B	Normal ist, wenn man sich an die Mehrheit anschließt.
A	Normal ist, wenn man zu seiner Meinung steht.
B	Normal ist, wenn man Kritik verträgt und sich ändert.

Normal oder verrückt?

A	Ich bin normal, denn ich bin nicht behindert. Ich kann mich anpassen. Ich kann mich durchsetzen.
B	Du bist verrückt, wenn du dich nicht eingliederst, sondern immer draußen bleibst und dich ausklinkst. Du bist aber auch verrückt, wenn du alles mitmachst, jeden Mist der anderen, und deine Meinung verleugnest.

 H.-G. Beutler-Lotz: Konfirmandenzeit und Konfirmation © 2011, Vandenhoeck & Ruprecht GmbH & Co KG, Göttingen

A   Verrückt ist, wer Drogen nimmt, wer laufend Alkohol trinkt, wer Tiere quält, wer immer nur Mist redet, wer sein Leben selbst kaputt macht, wer andere vernichtet.

B   Du gehörst dazu, wenn du cool bist, wenn du machst, was die anderen wollen, wenn die anderen dich trotz deinem Handicap aufnehmen, wenn du dich durchsetzen kannst.

A   Was cool ist? Ich bin cool! Schon allein deshalb, weil ich nicht rauche. Es ist auch cool, nicht so spießig zu sein wie viele meiner Lehrer. Und wirklich cool finde ich es auch, Alkohol zu trinken. Das ist deshalb cool, weil man dadurch schon richtig erwachsen wirkt.

B   Cool finde ich, wenn man alten Menschen hilft. Die tun mir immer so leid, wenn ich sie sehe. Denn oft sind sie krank oder schwach. Außerdem ist es cool, wenn man seine eigene Meinung hat und sie vertritt. Ganz allgemein ist auch Musik cool. Und Handys. Die sind klasse.

Es gibt viele echte Behinderungen: wenn jemand nicht hört, wenn jemand nichts sieht, wenn jemand nicht reden kann, wenn jemand psychisch krank ist.

Spielszene: Beim Einkaufen

Sascha und Paul spielen die Kühltruhe. Nikola kommt nicht an die Kühltruhe. René hilft nicht. Clarissa hilft. Clarissa spricht René an …

Spielszene: Beim Frühstück

Zwei Küchen. Zeitgleich. Nikola kommt nicht an ihre Sachen und braucht mehr Zeit, wir nicht fertig. René und Selina kommen überall dran und sind rechtzeitig fertig.

Spielszene: Beim Shopping

Alexander hält den Spiegel und Jannis mimt den Kleiderständer. Selina kommt einkaufen und findet etwas. Nikola findet nur zu große Sachen. Clarissa schickt sie in die Kinderabteilung.

Szene: Im Schwimmbad

Paul und Sascha zeigen die Wassergrenze an. Nikola kommt zum Training (Sie ist Leistungsschwimmerin). Die Besucher sitzen am Rand und machen die vorbeigehende Nikola an. Nikola springt ins Wasser und wird von Jannis zwangsweise herausgeholt.

T2 BEHINDERTE – B. IN DER DIAKONIE (MÖGLICHST MIT FOTOS)

A   Behinderte Menschen brauchen Verständnis, Freunde und Hilfe.

B   Wir waren mit unserer Gruppe drei Tage in den NN Heimen … in NN …

Einige berichten von den Erlebnisse der Freizeit und
dem Zusammenleben mit Behinderten …

A   Es ist wichtig, die Menschen nicht nach dem ersten Eindruck zu beurteilen

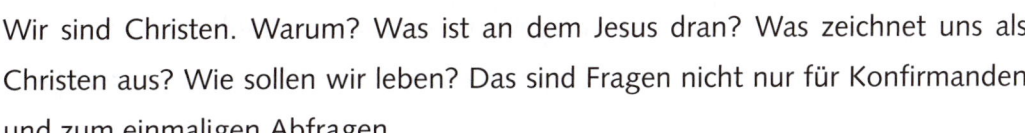

Wir sind Christen. Warum? Was ist an dem Jesus dran? Was zeichnet uns als Christen aus? Wie sollen wir leben? Das sind Fragen nicht nur für Konfirmanden und zum einmaligen Abfragen ...

Jesus

A   Jesus war ein Mensch wie wir auch. Er war ein Prophet, der von Gott erzählte. Er war einer, der tat, was Gott wollte. Jesus ist für seinen Glauben gestorben

B   Jesus ist ein guter Mensch, ein Vorbild. Er ist der Sohn Gottes.

C   Jesus hat von Gott erzählt wie von einem guten Vater. Die Menschen hat er geliebt und viele heilt. Er hat gezeigt, dass Gewalt keine Lösung ist. Er hat gezeigt, dass wir nicht allein sind.

D   Jesus wollte uns Menschen zeigen, dass wir uns akzeptieren, annehmen sollen und dass wir teilen können und helfen. Er zeigte, dass Gott für uns da ist.

A   Viele denken an Jesus, weil sie bei ihm Hilfe suchen; viele denken an Jesus, weil er ein guter Mensch war.

B   Von Jesus heißt es, dass er Wunder vollbracht hat, dass er Menschen geholfen hat, dass er für seinen Glauben gestorben ist, dass er wieder auferstanden ist.

Jesus-Geschichten aus der Bibel

Die Evangelien erzählen von Jesu Leben und die Briefe vom Leben der ersten Christen. Während der Konfizeit haben wir viele Geschichten um Jesus gelesen und besprochen oder im Gottesdienst gehört. Vier davon wollen wir Ihnen vorspielen ...

H.-G. Beutler-Lotz: Konfirmandenzeit und Konfirmation © 2011, Vandenhoeck & Ruprecht GmbH & Co KG, Göttingen

Spiel 1: Aussätzig

A   Ich will mit dir nichts zu tun haben, weil du anders bist, weil du mir nicht passt, weil du nicht normal verhältst; weil du eine Krankheit hast.

B   Aus dem Lukasevangelium Kapitel 5, Vers 12–16: Einer sitzt allein …

Spielszene: der „Aussätzige"

C   Wenn ich nicht dazugehöre, Mensch-Gott, wenn andere mich schief angucken, wenn keiner mit mir zu tun haben will, dann fühle ich mich bescheuert. Hilf mir dann. Herr, erbarme dich!

Kyrie: EG 176,11 Herr, erbarme dich!

Spiel 2: Gelähmt

A   Du machst mich fertig, weil du immer nur an dich denkst, weil du immer nur von gestern redest, weil du mich nicht unterstützt, sondern klein machst, weil du mir nichts zutraust.

B   Aus dem Lukasevangelium Kapitel 5, Vers 17–16: Einer kann sich nicht bewegen …

Spielszene: Einer sitzt, alle gehen an ihm vorbei. Er will den anderen die Hand geben, sie wehren ab …

A   Wenn ich nicht weiterkomme, Mensch-Gott, brauche ich Unterstützung, jemanden, der mir hilft. Ohne Freunde, die zu mir halten, kann ich nicht leben und manchmal brauche ich Fachleute. Herr, erbarme dich!

Kyrie: EG 176,11 Herr, erbarme dich!

Spiel 3: Besessen

A   Du bist verrückt, wenn du dich nicht eingliederst, sondern immer ausklinkst. Du bist aber auch verrückt, wenn du alles mitmachst, jeden Mist der anderen, und deine Meinung verleugnest. Auf jeden Fall verrückt ist, wer Drogen nimmt, wer laufend Alkohol trinkt.

B   Aus dem Lukasevangelium Kapitel 4, Vers 31–37: Eine ist wie irre …

Spielszene: Eine glotzt alle irre an, eine andere bremst sie …

C   Wenn ich durchgeknallt bin, Mensch-Gott, brauche ich echt Hilfe. Wenn ich Angst habe, brauche ich jemanden, der mir meine Angst nimmt. Herr, erbarme dich!

Kyrie: EG 176,11 Herr, erbarme dich!

Spiel 4: Blind

A   Du gehörst dazu, wenn du cool bist, wenn du machst, was die anderen wollen, wenn die anderen dich trotz deinem Handicap aufnehmen, wenn du dich durchsetzen kannst. Du bis cool, wenn du Gespür hast für die anderen.

B   Aus dem Markusevangelium Kapitel 8,22–25: Einer sieht nichts …

Spielszene: Einer tappt suchend mit geschlossenen Augen umher.
Ein anderer legt ihm die Hand auf die Augen …

A   Wenn ich nichts mitbekomme, Mensch-Gott, möchte ich, dass mir jemand sagt, was los ist. Wenn ich vor Besessenheit blind bin, möchte ich, dass mir jemand die Augen öffnet und ich wieder alles mitbekomme.

Kyrie: EG 176,11 Herr, erbarme dich!

Immer wenn Menschen Jesus begegnet sind, haben sie sich verändert. So erzählen es die alten Geschichten: Jesus verändert zu einem neuen Leben.

Das hat sich fortgesetzt. Immer wenn Menschen Jesus nachgefolgt sind, haben sie andere zum Leben bewegt, bis heute. Wir sollen ihm folgen und leben und Leben schaffen.

Zum Glauben gehören nicht nur Geschichten, Erfahrungen oder die eigenen Gedanken, sondern das Gespräch mit den anderen und die gemeinsamen Absprachen. Wir sprechen zusammen das Glaubensbekenntnis, wie es Menschen vor langer Zeit formuliert haben. Dazwischen hören Sie, wie wir es denken. Wir erheben uns dazu.

Gemeinde: Ich glaube an Gott ...

Ich glaube, dass Gott uns Menschen liebt, so wie wir sind. Dass Gott jedem zur Seite steht. Egal, was geschieht. Dass er uns beisteht, wenn wir Angst haben. Dass Gott ein offenes Ohr für uns hat und uns versteht. Dass Gott uns behütet und uns Rat und Hilfe gibt.

Gemeinde: und an Jesus Christus ...

Ich glaube, dass Jesus Gottes Sohn ist und einen langen und mühsamen Weg auf sich genommen hat. Dass Jesus mit seiner Kraft viele Menschen heilte und allen Menschen geholfen hat. Dass Jesus uns zeigt, wie wir friedlich zusammen leben können.

Gemeinde: Und an den heiligen Geist ...

Ich glaube, dass Gottes Geist es macht, dass wir uns mit anderen verstehen können. Dass Gottes Geist uns hilft, über unseren Schatten zu springen, damit wir einander verzeihen können. Dass Gottes Geist uns Lebensmut schenkt und dass er in jedem von uns steckt.

 H.-G. Beutler-Lotz: Konfirmandenzeit und Konfirmation © 2011, Vandenhoeck & Ruprecht GmbH & Co KG, Göttingen

3.3.6 In den Stürmen des Lebens – Die Sturmstillung (Lk 8,22–25)

Der Lebenslauf ist wie eine Schifffahrt. Wir sitzen mit anderen in einem Boot, das durch Flauten und Sturm zieht. Dass wir dem Leben vertrauen können, zeigt die Geschichte von der Sturmstillung.

Gottesdienstablauf		
Musik	Aktuelles nach Konfi-Geschmack Alle: Laudato si	CD EG 515
Thema I	Dem Leben vertrauen – Stürme stillen	→T1: Aktion und Erzählung Lk 8 mit Kommentaren
Psalm	Psalm 130	→P: Konfi-Version mit gesungenem Kehrvers EG 340
Thema II	Sterben, Tod und Trauer	→T2: Anspiel und Berichte (die Konfi waren bei einem Bestatter, der Krankenhausseelsorge und bei einer Trauergruppe
Lied	Hilf, Herr meines Lebens	EG 419
Thema III	Freud und Leid in der Partnerschaft	→T3: Aktion und Kommentare
Lied	Vertraut den neuen Wegen	EG 395
Bekenntnis	Unseren Glauben formulieren	→B, Text der Konfis
Gebet und Segen	Fürbitten und Vaterunser	→F mit Gebetsruf

Das Leben ist wie eine Reise im Schiff mit Höhen und mit Tiefen, mit vielen Stürmen, aber auch mit Sturmstillung und Hilfe.

Von hinten wird ein sehr großes Tuch in den Farben des Regenbogens über die Köpfe der Gemeinde hinweg gezogen und von allen Konfis gehalten und bewegt.

Eine Geschichte aus der Bibel, von Menschen mit Jesus

Die ersten Christen lebten in ständiger Angst. Ihr Glaube konnte sie in Schwierigkeiten bringen, sogar ins Gefängnis. Sie fühlten sich, als säßen sie in einem kleinen Boot mitten auf dem großen See. Und wenn Sturm aufkam und die Wellen sich türmten … beteten sie und hofften auf Rettung. Zum Trost erzählten sie sich von der Macht Jesu, die größer war als alle Macht der Zerstörung … *(Es folgt eine Nacherzählung / Lesung von Lk 8,22–25)*

Die Situation

Es ist ein großer Sturm, die Jünger schweben in Lebensgefahr und Jesus schläft. Die Situation ist gefährlich und sie fühlen sich allein und verlassen.

Was erwarten die Jünger von Jesus?

Er soll sie retten. Er soll eine gute Idee haben. Er soll ihnen beim Überleben helfen. Sie vertrauen ihm, weil er greifbar ist und sie ihn sehen. Sie vertrauen nicht Gott, weil sie ihn nicht sehen.

Warum kann Jesus so ruhig schlafen?

Weil er Gott vertraut und weiß, dass ihm nicht viel passiert. Er ist Gottes Sohn, warum sollte er sich fürchten? Er weiß, dass Gott bei ihm ist und es gut mit ihm meint.

Warum wurde diese Geschichte aufgeschrieben?

Damit auch wir in Not- und Todessituationen auf Gott vertrauen. Das Leben ist gefährlich. Ich habe schon viele Situationen erlebt, die gefährlich waren …

A   Als ich einmal auf der Sommerrodelbahn war, bin ich rausgeflogen, weil ich nicht gebremst habe. Da habe mich ganz schön verletzt und konnte ich noch nicht einmal schreiben. Die Schmerzen haben erst später aufgehört und die Narben …

B   Als ich noch kleiner war, wurde ich von einem Auto angefahren und flog über das Auto. Ich dachte an nix und und sah den Tod vor Augen. Zuerst habe ich nichts gespürt, aber dann war ich froh, dass mir nix Großartiges passiert ist …

C   Ich war schon einmal lange krank und der Arzt konnte mir nicht helfen … Sonst denke ich immer: Lieber krank als Schule. Aber als ich aber mal schwer krank war, wollte ich lieber in die Schule gehen.

℗ PSALM 130

Das Leben ist gefährlich und wir kommen nicht ohne die Hilfe anderer aus. Wir beten zu Gott, weil wir seinen Beistand brauchen und weil wir uns über das Leben freuen. Einen alten Psalm haben wir umgeschrieben. Zwischen den Versen singen wir gemeinsam: *Ich will dem Herrn singen mein Leben lang und meinen Gott loben, und meinen Gott loben, so lange ich bin. EG 340*

Ich will dem Herrn von ganzem Herzen danken!

Alle: Ich will dem Herrn singen mein Leben lang …

Er hat mir gutmütig meine ganze Schuld vergeben und mich am Leben erhalten. Durch ihn fühle ich mich wie neugeboren. Er schenkt mir seine Liebe und ist nicht nachtragend.

Alle: Ich will dem Herrn singen mein Leben lang …

Gott hält zu denen, die mit aller Kraft an ihn glauben, ihn verehren und nach seinen Geboten leben. Der Herr beschützt alle Menschen so wie ein König sein Reich und herrscht über die Erde.

Alle: Ich will dem Herrn singen mein Leben lang …

Ich selber sage: Herr, ich danke dir! Kommt, lasst uns anbeten …

Stürmisch ist das Leben, wenn uns etwas Schlimmes geschieht. Dann werden wir unsicher, zittern, dann fallen wir aus der Bahn.

Einige tragen einen anderen auf einer Bahre durch den Raum

Begegnungen mit dem Tod

A	Mein Uropa starb am Geburtstags meines Opas; den wollten wir feiern, das ist aber ausgefallen.
B	Als unser Hund starb, war ich sehr traurig.
C	Ich würde gern mal einen Toten sehen, denn ich kenne ja nur welche aus dem Fernsehen.
D	Meine Urgroßmutter hat in Ungarn gelebt und ich habe sie nie gekannt. Als sie gestorben ist, war ich nicht richtig traurig.
E	Ich war auf der Beerdigung eines Freundes unserer Familie. Da wurde am Ende die Fahne vom Gesangverein dreimal ins Grab gesenkt. Das fand ich sehr komisch.
F	Ich wollte gern bei der Beerdigung meiner Oma dabei sein, aber ich durfte nicht. Das war dumm.

Andere Wörter für „sterben" …

tot umfallen, verrecken, ableben, den Löffel abgeben, weg vom Fenster, der Übergang in den Himmel …

Sterben ist wie …

einschlafen und nicht wieder wach werden. Ein 3 Gänge Menü: Es fängt mit der Vorspeise an, geboren werden, ein weites Leben haben, und endet beim Eis, wir müssen Abschied nehmen.

Der Tod ist schrecklich …

weil man das Leben verliert; weil er oft langsam kommt; weil er schmerzhaft sein kann; weil man keinen Fun mehr hat; denn dann ist alles vorbei.

Der Tod ist nicht schlimm …

denn man lebt im Himmel weiter.

Ich habe Angst vor dem Tod …

Ich lebe sehr gern. Ich liebe das Leben. Ich habe Angst vor dem Tod, weil ich nicht weiß, wie das ist; weil dann alles aufhört.

Wenn andere leiden …

leide ich mit.

Nee, wenn andere leiden …

ist mir das egal, kann ich doch nix dafür.

Ich bin traurig …

wenn meiner Familie etwas passiert oder bei Freunden und Verwandten.

Über Tod und Leben …

muss man sich zu Lebzeiten Gedanken machen, später ist es zu spät. Für sich selbst und als Hilfe für die anderen kann man ein Testament machen und eine Patientenverfügung für den Fall einer schwierigen Krankheit.

Einige Todesanzeigen werden eingeblendet bzw. vorgelesen … Anschließend kurze Eindrücke vom Besuch beim Bestattungsinstitut (falls stattgefunden).

Was kann trösten, wenn eine oder einer gestorben ist?

Vielleicht das Wissen, dass das Leben gut und erfüllt war. Vielleicht, wenn ein Neugeborenes den Namen des Verstorbenen bekommt. Vielleicht wenn die Verstorbene selbst Kinder hatten, dann bleibt etwas. Wenn man nicht allein bleibt; wenn man mit anderen etwas zusammen macht; wenn man miteinander redet; wenn man zusammen isst.

Es tröstet ...

eine schöne Rede bei der Beerdigung, wenn der Pfarrer den Lebenslauf erzählt; eine Gedenkminute einzulegen, eine Gedenkstätte zu errichten, ein Grab zu pflegen.

Anschließend kurze Eindrücke aus der Begegnung mit einer Krankenhausseelsorgerin
(falls stattgefunden).

Wenn es einem schlecht geht ...

kann man den Pfarrer / die Pfarrerin anrufen oder holen lassen zum Reden, zum Sich-Aussprechen, zum Beichten, zum Beten.

Die Kirche hilft ...

den Schwachen, die im Sterben liegen, indem sie ihnen gut zuredet; sie hilft den Verwandten der Verstorbenen wieder auf die Beine zu kommen. Sie erzählt vom Himmel. Sie erzählt von Gott. Sie segnet. Sie bittet Trauergruppen an.

Anschließend kurze Eindrücke vom Gespräch mit der Leiterin einer Trauergruppe
(falls stattgefunden).

Wenn es mir schlecht geht ...

kann ich Hilfe suchen und zu Gott beten.

Wenn es einem anderen schlecht geht ...

kann ich Beistand leisten, kann ich ihn besuchen, kann ich etwas Liebes tun.

Wenn einer im Sterben liegt ...

kann ich ihm die Hand halten, ihn streicheln, den letzten Segen geben.

Wenn wir anderen mitten im Sturm des Lebens beistehen ...

dann ist Jesus plötzlich mit im Boot unseres unruhigen Lebens.

Stürmisch ist das Leben, wenn wir uns entwickeln und verlieben, wenn wir flügge werden und Partner finden, wenn wir uns von zu Hause lösen und neue Bindungen eingehen ...

Ein Paar hält sich an den Händen und geht durch die Kirche. Er mit Zylinder, sie mit Schleier.

Mein Mann soll ...

einzigartig sein und mich verstehen; für mich da sein und mich zum Lachen bringen können; zu mir stehen; net schwul sein.

Meine Frau soll ...

ehrlich, treu und liebevoll sein; hübsch ist auch nicht schlecht; mich verstehen und über meine Witze lachen können; gut aussehen, nett und geil sein; eine echte Sexbombe; mir vertrauen, offen und ehrlich sein.

Eine gute Beziehung ist, wenn ...

beide sich lieben und verstehen; sie sich achten; sie füreinander da sind; sie sich gegenseitig trauen; sie lachen und Gespräche führen; wenn sie guten Sex haben.

Zu einer guten Ehe gehören ...

immer zwei, die sich wollen und zueinander stehen; ein gutes Verhältnis, Vertrauen, Treue, Liebe, Alltag und Alltagstauglichkeit, Gemeinsamkeiten, Hingebung, Ehrlichkeit, Vertrauen.

Wenn es Ärger in der Beziehung gibt ...

kann man zum Arzt gehen; kann vielleicht ein Psychologe helfen; kann man für ein zwei Wochen zu Freunden ziehen; Abstand nehmen und halten, um die Gedanken klären; sollten beiden versuchen, sich aussprechen, den anderen zu verstehen, nicht nur an sich denken, gemeinsam nach einer Lösung suchen, sich zu versöhnen.

Zoff muss sein ...

weil zu einer guten Beziehung auch Streit gehört, sich auseinanderzusetzen und etwas zu klären. Aber danach kuscheln.

Szene: Fremdgehen

A	Einmal ist keinmal. Im Suff kann das doch mal passieren.
B	Es wird ja als besser. Alkohol ist doch keine Entschuldigung.
A	Nicht? Da bin ich doch nicht zurechnungsfähig.
B	Alles faule Ausreden. Wozu hast du einen Kopf?
A	Aber flirten ist doch erlaubt.
B	Ein Spiel mit dem Feuer. Wer zieht dann die Bremse?
A	Alte Spaßbremse. Dann ist wohl auch nix mit einem leckeren Zungekuss.
B	Da wird es kritisch.
A	Wenn man sich aber hingezogen fühlt. So eine Affäre nebenher ...
B	Schneller Spaß kann tödlich sein.
A	Fremdgehen hat sicher seine Gründe.
B	Dann müssen beide drüber reden.

Trauung heißt ...

zwei trauen sich zusammen; versprechen sich gegenseitig Treue und Achtung und Vertrauen.

Die Kirche bietet für Paare ...

Feste und Veranstaltungen, Ideen für Hochzeiten, Taufen etc., Gespräche und Rat bei Problemen, Beratung wie die Eheberatung, Gruppen und Erfahrungsaustausch, Freizeiten und Partys für Jugendliche.

Nicht jede Trauung geht gut; jede dritte Ehe wird geschieden ...

Ich habe es nicht mehr ertragen. Ich wurde verletzt. Ich wollte frei sein. Ich musste mich entscheiden. Ich verlor alle Freunde. Ich habe alles verloren.

Stürmisch ist unser Leben, manchmal ist unser Vertrauen klein, aber immer ist Jesus im Boot. Wir brauchen viel Vertrauen, viel Glauben. Wir haben versucht, die Worte des Glaubensbekenntnisses in neue Worte zu fassen. Wir wollen es mit Ihnen zusammen lesen:

Wir glauben an Gott,
der bei uns allen ist, uns beisteht,
der Vater von allen Menschen ist
und Ursprung der Welt.

Wir glauben an Jesus Christus,
den Sohn Gottes,
der geschickt wurde, um den Menschen zu zeigen,
dass es noch etwas Anderes gibt außer Gewalt,
der sich für andere einsetzt,
Stumme singen und sprechen,
Tauben hören lässt und Gelähmte zum Laufen bewegt.

Wir glauben an den Heiligen Geist,
der überall bei uns ist, in uns und um uns.
Jeder kann ihn spüren,
wenn Menschen einander helfen,
Gutes tun und anderen liebevoll nahe sind.

Gott, du liebst das Leben und vor dir sind wir alle gleich,
zu dir kommen wir, so wie wir sind, und bitten dich für uns und die Welt:

Wir danken dir dafür, dass du uns hilfst,
aus aussichtslosen Situationen leitest und unser Wohlergehen willst.

Ich bitte dich, Gott, denke an die werdenden Eltern
und schenke ihnen gesunde Kinder,
und denen mit kranken Kindern gib viel Kraft.

Ich freue mich, Herr, für die, die glücklich in einer Beziehung leben.
Schenke ihnen gemeinsame Momente,
viel Spaß aneinander und tolle Ereignisse.

Ich bitte dich, Gott, steht denen bei, denen es schlecht geht,
die von Krankheiten gezeichnet werden.
Gib ihnen Mut, ihre Krankheit zu überstehen.

Ich bitte dich, Herr, steht denen bei,
die durch ein Unglück wie die Sturmflut
einen Menschen verloren haben,
und hilf ihnen, nach vorn zu schauen.

Ich wünsche mir, Gott, wache über die Toten
und hilf den Hinterbliebenen, die schwere Zeit zu überstehen.
Ich vertraue dir, Gott, du Quelle des Lebens,

pass auf die auf, die uns am Herzen liegen,
wie unsere Familien, Verwandte, Freunde und auch Feinde,
ich bitte dich dafür, dass sie gesund und glücklich bleiben.

Vater unser

3.3.7 Spielregeln des Lebens – 10 Gebote

Ein Leben ohne Regeln gibt es nicht. Immer, wenn Menschen zusammenleben, entwickeln sich Spielregeln, Formen, Strukturen, offensichtliche und versteckte Normen und Gebote. Die 10 Gebote wollen zehn Grundformen für ein gutes Zusammenleben verbindlich machen.

Gottesdienstablauf		
Musik	Morgenlicht leuchtet Go down, Moses	EG 455 Spiritual
Psalm	Psalm 116	→ **P**: Vorüberlegungen
Bekenntnis	Was wir glauben	→ **B**: Text der Konfis; Konfi-Text für zwei Personen
Thema I	Führerschein zum Leben – was brauchen wir?	→ **T1**:Einstiegsgedanken
Thema II	Regeln zum Leben	→ **T2**: Nennen und Deuten der Gebote, die auf große Plakate geschrieben sind und als Kulisse dienen; zu jedem Gebot eine Aktion bzw. eine Spielszene
Gebet und Segen	Fürbitten und Vaterunser	→ **F** mit Gebetsruf → **S** Segen mit Bewegungen

Ich liebe Gott,

denn er hat mir geholfen,

als ich Hilfe brauchte.

Ich war schon fast tot

und bekam große Angst.

Ich war schwach,

doch er half mir weiter.

Ich danke dir, Gott,

denn ich kann wieder

auf eigenen Beinen stehen.

Ich muss nicht mehr weinen.

Du hast mir

mein Leben zurückgeholt

und ich bin froh.

Du machst mich frei und glücklich.

Ich gehöre zu dir

und will dich loben.

Alle: Ehr sei dem Vater und dem Sohn ...

Drei Teile hat unser Glaubensbekenntnis, Gedanken über Gott, Jesus und den Heiligen Geist. In fast jedem Gottesdienst sprechen viele Christen schon seit Generationen diese verbindenden Worte. Wir haben uns darüber Gedanken gemacht.

Gott ist für mich ...

wie ein Freund; wie ein Gesprächspartner; wie ein Vater; wie eine schützende Hand; wie ein Wächter, der auf uns achtet; wie eine Wand, die mich schützend umgibt; der Herr, der Schöpfer, eine Zuflucht, eine Hoffnung.

Ich finde an Jesus gut ...

dass er anderen hilft und heilt und dass er einen guten Kontakt zu Gott hat; dass er alle gleich liebt und sich für uns geopfert hat.

Jesus ist für mich ...

ein Mensch gewesen und der Sohn Gottes; wichtig; ist meine Kraft.

Gemeinden sind gut ...

weil jeder ein offenes Ohr für jede hat.

Die Kirche ist für mich ...

ein heiliger Ort, um Gott nahe zu sein; eine Gemeinschaft mit Menschen.

Die Kirche ist nicht wichtig ...

denn ich kann auch ohne sie an Gott glauben und die anderen brauche ich nicht.

In die Kirche zu gehen ...

ist gut, wenn man die Nähe zu Gott sucht, und kann sogar richtig lustig sein; kann beruhigen und auch Spaß machen.

Wir haben aus Worte von anderen und aus unseren eigenen Gedanken ein eigenes Glaubensbekenntnis geschrieben, das wir gern mit ihnen zusammen sprechen möchten.

Wir glauben an Gott, der für uns Zuflucht und Halt bedeutet. Der Glaube an ihn gibt uns Kraft und zeigt uns den richtigen Weg, um Entscheidungen zu finden.

Wir glauben an Jesus Christus, den Sohn Gottes, unseren Bruder.

Er hat die Welt für uns verändert, das Gute uns gezeigt. Ohne Unterschiede zu machen, liebt er jeden gleich und hilft.

Für uns hat er gelitten und ist am Kreuz gestorben, um ein für alle Mal zu zeigen, dass die Liebe größer ist als der Tod.

Wir glauben an den Heilige Geist und die christliche Kirche, die uns mit anderen Menschen durch denselben Glauben verbindet.

In dieser Gemeinschaft findet man immer ein offenes Ohr und Unterstützung, auf die man an sich verlassen kann. Amen

T1 FÜHRERSCHEIN ZUM LEBEN – WAS BRAUCHEN WIR?

Wer Autofahren will, braucht einen Führerschein, muss Theorie und Praxis üben, Fahrstunden nehmen, einen Erste-Hilfe-Kurs machen und einen Sehtest, muss eine Prüfung ablegen und für alles genügen Geld haben. – Wir kommen auf die Welt und dann geht's los. Was braucht man fürs Leben?

Erziehung	Herz für andere	Stabile Psyche	Soziales Umfeld	Überlebenswillen
Körperliche Fitness	Gefühle	Stimme	Bildung	Freunde

Die 10 Gebote sind alte Lebensregeln. Die Israeliten mussten als Sklaven in Ägypten schuften. Damit sie frei kamen, ließ sich Gott einiges einfallen, bis der Pharao sie ziehen ließ. Als sie dann frei kamen, zogen sie lange Zeit durch die Wüste auf der Suche nach dem versprochenen Land. Es heißt: Vierzig Jahre waren sie unterwegs. Das war hart. In Ägypten war das Leben schon schlimm gewesen, aber irgendwie waren die Spielregel für alle klar: Die Ägypter waren die Chefs und sie die *Loser*. Und nur wer Glück hatte, kam durch.

In der Wüste war alles anders. Da kannte sich keiner von ihnen aus. Da mussten sie zusammen durchkommen und das war für sie nicht leicht, ständig hatten sie Ärger miteinander. Sie wurden immer schlechter gelaunt, immer unsicherer und hatten kein Vertrauen mehr in Gott. Da brachte Mose ihnen – von Gott – die 10 Gebote als Regeln für das Zusammenleben.

1. Gebot (auf großem Plakat)

A   Ich bin der Herr, dein Gott, der ich dich aus Ägyptenland, aus der Knechtschaft, geführt habe. Du sollst keine anderen Götter haben neben mir. Du sollst dir kein Bildnis noch irgendein Gleichnis machen, weder von dem, was oben im Himmel, noch von dem, was im Wasser unter der Erde ist. Bete sie nicht an und diene ihnen nicht.

B   Oder mit weniger Worten gesagt: Du darfst immer Vertrauen haben.

Aktion: Einen Turm bauen aus dem, was mir wichtig ist

Die Jugendlichen haben Kartons beschriftet mit dem, was ihnen wichtig ist; sie zeigen und nennen die Bausteine und stapeln sie zu einem hohen Turm.

Heilig ist …

meine Familie; die Schule; der Sportplatz; der Job; das Auto; die Kirche …

Was wir so alles lernen …

Nach oben buckeln, nach unten treten; Schleimen ist angesagt. Die Lehrer haben immer Recht. Nur wer alles mitmacht, kommt durch. Bloß nicht die Wahrheit sagen. Babbel dich frei, aber erzähl nix vor dir. Guck, wie du durchkommst. Gib dir nie eine Blöße, mach lieber die anderen fertig. Sei sportlich und lach über die Unsportlichen. Übe Teamgeist: Schreibe richtig ab. Streng dich an: Geh den Schlägern aus dem Weg (oder schlag auch kräftig zu).

Aktion: den Turm umstoßen

> Die Konfis sagen: Vieles, was uns wichtig ist, ist es nicht.

Heilig ist …

> Gott; jeder von uns; alles Leben

Gott sagt:

> Du darfst mir immer vertrauen. Ich helfe dir. Ich bin dir treu. Ich lasse dich nicht fallen.

2. Gebot (auf großem Plakat)

A   Du sollst den Namen des Herrn, deines Gottes, nicht missbrauchen.

B   Gott sagt: Du darfst immer mit mir sprechen. Ich höre dir zu, denn ich mag dich.

Lied der Konfis

> Ich lobe meinen Gott …

3. Gebot (Plakat)

A   Gedenke des Sabbattages. Du sollst den Feiertag heiligen.

B   Gott sagt: Du darfst immer zu mir kommen. Ich schicke dich nicht fort, denn ich liebe dich.

Umfrage im Gottesdienst

> Wofür ist der Sonntag gut? Längere Ladenöffnungszeiten. Was halten Sie davon? Und warum?

Ohne Ruhe …

kann ich nicht denken; werde ich aggressiv; steppt der Bär.

Ich brauche meine Ruhe …

damit ich mich entspannen kann; wenn ich gestresst bin.

4. Gebot

A   Du sollst deinen Vater und deine Mutter ehren.

B   Oder: Du kannst die Menschen um dich lieben.

Aus der Zeitung: Die Alten sterben lassen

Mit Äußerungen zur medizinischen Versorgung Älterer hat der Unternehmer Claus Hipp für große Empörung gesorgt. Weil zu wenig Kinder auf die Welt kommen und die Menschen immer älter werden, müsse man darüber nachdenken, ab welchem Alter die medizinische Versorgung nicht mehr zu leisten sei: „Wann man die Menschen lieber sterben lässt, weil sie die Wirtschaft belasten." Der Hersteller von Babynahrung sagte: „Der natürliche Beginn und das natürliche Ende des Lebens wird noch ein großes Thema sein." Er erwarte eine deutliche Verschärfung des Generationenkonflikts. „Da sehe ich das Problem, dass eine Revolution der Jugend kommen wird, die sagt, so können wir nicht mehr weitermachen, so wollen wir nicht mehr weitermachen."

Der renommierte Sozialwissenschaftler Meinhard Miegel vom Institut für Wirtschaft und Gesellschaft (IWG) in Bonn teilt die Kritik Hipps am Ungleichgewicht der Lastenverteilung. „Die heute 30- bis 60-Jährigen haben durch ihr Verhalten den künftig Aktiven Lasten aufgebürdet, die sie selbst zu tragen nie bereit wären", beklagte Miegel. Im Rahmen der sozialen Sicherungssysteme müsse „radikal umgedacht werden." Zudem müsse die Arbeitsproduktivität durch schulische und berufliche Qualifikation verbessert werden. „Wenn dies gelingt, wird es möglich sein, künftig auch eine große Zahl alter Menschen auskömmlich mit zu versorgen", sagte Miegel.

Umfrage im Gottesdienst: Was sagen Sie dazu?

Was Eltern gern sagen ...

Als ich so alt war wie du, da musste ich aufs Wort gehorchen, weil es sonst was setzte; bekamen wir überhaupt kein Taschengeld; saßen wir nicht dauernd vor dem Fernseher (weil es keinen gab) und halfen wir freiwillig unseren Eltern.

Meinen Eltern bin ich dankbar ...

dass sie mich geboren haben; für das Vertrauen, dass sie mir schenken. Ich kann andere lieben, weil ich selbst geliebt werde.

5. Gebot

A   Du sollst nicht töten.

B   Oder: Du kannst Leben schützen.

Spielszene: Falsche Briefe

A   Hast du schön gehört: Peter und Lisa sind jetzt zusammen?

B   Echt, Ich dachte, die wär mit Andreas zusammen.

C   Baah! Die machen wir fertig.

B   Cool, das ist doch so eine alte Sumpfkuh.

A   Ich kann diese Zicke nicht ausstehen.

B   Ich auch nicht. Und ich weiß auch schon wie wir sie fertigmachen.

A   Wie denn?

B   Na, zuerst schneiden wir wie einfach. Die ist jetzt einfach Luft für uns. Die beachten wir gar nicht mehr nicht mehr!

C   Klar und was dann?

B   Dann schreiben ihr Briefe in Peters und Andreas' Namen, auf denen steht, wie blöd und eingebildet sie ist.

A   Gute Idee!

Am nächsten Tag als Lisa in die Schule kommt, sieht sie auf ihrem Tisch schon Zettel liegen. „Von Andreas" steht drauf. Und „Von Peter." Sie liest und fängt an zu heulen. Ihre Freundin nimmt die Zettel, liest sie auch, und sagt: „Das ist doch die Schrift von Christian ... "

Gewalt …

macht Menschen zu Monstern; macht alles noch viel schlimmer; macht alles kaputt; fängt klein an: Ich töte doch niemanden. Ich schieße auf niemand. Ich habe nichts Böses im Sinn. Ich bin so, wie ich bin … Ich ärgere gern meinen Bruder, meine Schwester, meine Freundin, meinen Hund, meine Lehrer.

Lied

Hilf, Herr meines Lebens

6. Gebot

A   Du sollst nicht ehebrechen.
B   Oder: Du kannst die Liebe anderer schützen.

Treue ist …

wenn man sich um seine Freunde kümmert; nicht weil es einem selbst Spaß macht, sondern um dem Freund zu helfen.

Treue ist in einer Beziehung wichtig, weil …

Ich dem anderen vertrauen will; nicht enttäuscht werden will; auch nicht enttäuschen will

7. Gebot

A   Du sollst nicht stehlen.
B   Oder: Du kannst mit deinen eigenen Sachen auskommen.

Spielszene: Handyklau

Weil ihre Eltern ihr kein Handy finanzieren, klaut ein Mädchen einer anderen das Handy. Aber Anrufe von Freunden verraten sie. Dumm steht sie da. Ihre Freundin ist entsetzt und ihre Freunde ziehen sich zurück.

Ich kann mit meinen Sachen auskommen …

weil ich genug habe; weil ich zufrieden bin mit dem, was ich habe.

8. Gebot

A	Du sollst nicht falsch Zeugnis reden wider deinen Nächsten.
B	Oder: Du kannst die Wahrheit sagen.

Spielszene: Die kaputte Vase

E	Eines Tages lief Heiner völlig unkoordiniert durch das Wohnzimmer der Familie. Sein Bruder Willi spielte dort mit Bauklötzen. Heiner entdeckte eine mit Mosaiken verzierte Vase auf dem Tisch. Er staunte:
H	Oh, gucke mo da! Wie die leuchtet. Wow.
E	Wie hypnotisiert nahm er die Vase in die Hand und auf einmal hörte er seine Mutter Gertrude rufen:
G	Heiner, es hilft mir wieder keiner. Tisch decken! Auf in die Küche!
E	So aus seinen Gedanken gerissen, ließ er die Vase vor Schreck fallen.
G	Was war denn das?
E	Mutter Gertrude eilte sofort zum Tatort.
G	Oh, Gott, meine schöne neue Vase. Wer hat die kaputt gemacht?
E	Heiner schüttelte heftig den Kopf und zeigte auf seinen kleinen Bruder.
H	Nee, nee, Mama, des war ich gar net! Des sieht nur so aus: Des war doch der Willi.
E	Willi, der sich gerade einen Bauklotz in den Mund schiebt, schaut die Mutter verblüfft an. Und da er erst drei Jahre alt was, sagte er nur: Da, da!

Warum lügt man?

Weil man etwas verheimlichen möchte; weil man es vor den anderen nicht zugeben will; weil man etwas beschönigen will; weil man Angst hat; weil man nicht dumm da stehen will; weil man nicht ausgelacht werden möchte

Schummeln ist praktisch,

weil man damit sich Vorteile verschafft. Das macht doch jeder, oder? Schließlich muss jeder sehen, wo er bleibt, oder?

Quatsch, Lügen ist nicht in Ordnung. Es ist einfach bescheuert. Ich will die Wahrheit sagen, auch wenn ich Angst habe, weil ich echt sein will.

9. Gebot

A   Du sollst nicht begehren deines Nächsten Haus.

B   Oder: Du kannst anderen Freiheit lassen.

Das Märchen vom armen Isaak

Isaak sitzt im Garten und sieht, was die anderen einkaufen … alles Sachen, die er auch gern hätte, und er wird ganz traurig. Isaak geht an den Fenstern der Häuser vorbei und sieht, was die anderen alles haben … alles Sachen, die er auch gern hätte, und er wird ganz traurig. Isaak sitzt an einem Fenster und schaut traurig hinaus, da setzt sich ein Vogel aufs Fensterbrett und singt ihm ein Lied vor.

Ich hätte gern …

die schöne Frau aus der Alkohol-Werbung; das Haus mit der Couch, die im Kreis fährt; den Cowboy aus der Zigaretten-Werbung; den roten Mercedes; den Lottogewinn.

Spielszene

A   Wenn ich etwas haben will, dann kriege ich es schon.

B   Quatsch, du kannst nicht alles haben.

A   Doch.

B   Nein.

A   Und wenn ich lieb frage?

B   Auch dann nicht. Keiner kann alles haben.

C   Und keiner braucht alles.

10. Gebot

A   Du sollst nicht begehren deines Nächsten Weib, Knecht, Magd, Rind noch alles, was dein Nächster hat.

B   Oder: Du kannst anderen lassen, was ihnen gehört.

Ich will mich freuen über das, was ich habe. Ich will den andern lassen, was ihnen gehört, weil sie auch Spaß haben sollen und ich nicht alles brauche.

Abschluss

Die 10 Gebote sind Spielregeln fürs Leben wie die Regel im Straßenverkehr. Wenn jeder macht, was er will, gibt es Chaos, können wir nicht in Frieden zusammen leben.

Szene: Regeln sich wichtig

A	Regeln müssen sein, weil wir sonst miteinander nicht klar kommen. Sie ordnen das Leben und geben allem einen Rahmen.
B	Och nee, Regeln sind doof. Manchmal wird man durch sie eingeengt, sind sie pingelig und ärgern mich. Ich will alles machen dürfen.
A	Wirklich alles?
B	Warum nicht! Na ja, nicht wirklich. Aber mal was ausprobieren, was Spaß macht.
A	Das verstehe ich schon. Aber dann musst du auch die Folgen in Kauf nehmen.
B	Wie meinst du das?
A	Na, die Rechung bezahlen, die Suppe auslöffeln, die du die einbrockst, deinen Kopf auch hinhalten, wenn die andern draufschlagen, weil du dämlich warst.
B	Mann, darf ich keine Fehler machen?
A	Doch, aber nicht absichtlich, das macht nur unnötig Ärger.
C	Regeln müssen sein, damit alle zum Zug kommen. Denn alle Menschen, egal ob stark oder schwach, haben die gleichen Rechte.

ℱ FÜRBITTEN MIT: HERR, ERHÖRE UNS

Wir danken dir für all das Schöne und Positive auf der Welt, insbesondere für die schönen Erlebnisse, die wir in der letzten Zeit mit unserer Konfigruppe hatten. Dafür danken wir dir: …

Herr, erhöre uns …

Wir bitten für jene Menschen auf der Welt, die nicht genug zu essen und zu trinken haben. Darum bitten wir: …

Herr, erhöre uns …

Wir denken an die obdachlosen Menschen, die kein Dach über dem Kopf haben. So bitten wir: …

Herr, erhöre uns …

Wir bitten für alle behinderten Menschen, dass sie mit freundlichen Menschen, die sie unterstützen, gut durchs Leben kommen. So bitten wir: …

Herr, erhöre uns …

Nun bringen wir in der Stille unsere persönlichen Bitten und Wünsche vor dich … (eine Minute Stille) So bitten wir: …

Vater unser …

𝒮 SEGEN MIT BEWEGUNGEN

Zeichen zum Aufstehen, Aufforderung zum Nachmachen der Bewegungen

Gott segne uns und halte deine Hände über uns. (Hände über den Kopf halten) Gott halte deine Hände vor uns (Hände vor sich halten) und gehe mit uns (auf der Stelle gehen). Gott halte deine Hände um uns herum (Hände um sich herum bewegen) und schütze uns, bis wir uns wieder sehen.

So segne und behüte uns Gott, der barmherzige, der Vater, der Sohn und der heilige Geist.

Amen. Amen. Amen

4 Konfirmationsgottesdienste

Anders als der Vorstellungsgottesdienst, den die Konfis für die Gemeinde gestalten, ist der Konfirmationsgottesdienst eine Gabe der Gemeinde an die Konfis. Sie werden in der Regel keine eigenen Beiträge beisteuern, sondern sich feiern lassen. Schön ist es, wenn alles möglichst reibungslos gelingt. Da ist zum Beispiel Rücksicht zu nehmen auf die vielen im Ablauf des Gottesdienstes ungeübten Gäste. Darum werden nicht nur Lieder angesagt, sondern auch sonst hier und da erläuternde Worte nötig. Hinweise zum Gottesdienst können auf dem Liedblatt untergebracht werden. Etwa der Hinweis, Handys auszuschalten und während des Gottesdienstes nicht zu fotografieren.

4.1 Eine Konfirmationsliturgie

Einzug	Der Konfis, des Pfarrers, des Kirchvorstands
Begrüßung	Als Familie Gottes sind wir zusammen … Wochenspruch oder Bibelwort
Lied	
Psalm	Einführung: Psalmen sich Gebete und Lieder aus dem Alten Testament …
Gebet	Evtl. der Konfirmanden: Viel Neues liegt vor uns … Segne uns …
Lesung	Seligpreisungen (Mt 5,3–10); Einführung: Worte Jesu vom Gelingen des Lebens …
Lied	Ins Wasser fällt ein Stein
Predigt	Beispiele: 7.2
Konfirmationsfrage und -antwort	
Credo	Einführung: Worte, die sich von Generation zu Generation bewährt haben …
Gebet	Evtl. der Mitarbeiter / Teamer
Lied	Herr, wir bitten …
Einsegnung	Namen und Sprüche; freie Segensworte → S; Segen, Kreuz, Gratulation
Lied	
Abendmahl	(Wenn es im Konfirmationsgottesdienst stattfindet)
Fürbitten	Mit dem Ruf: Herr, erhöre uns → F; Vaterunser
Segen	Mit gefassten Händen
Musik	Auszug der Konfirmierten

Möge der Geist Jesu dich alle Tage erfüllen, damit dein Leben gelingt, du mit deinen Gaben leuchtest und gute Freunde dich begleiten.

Möge der Geist Jesus dich alle Tage erfüllen, damit dein Leben gelingt, du immer die Nähe und die Liebe findest, die du brauchst, und mutig deinen Weg findest.

Möge der Geist Jesu dich alle Tage erfüllen, damit dein Leben gelingt, du deine Fähigkeiten entfalten kannst und zufrieden deinen Platz in der Welt einnimmst.

Möge der Geist Jesu dich alle Tage erfüllen, damit dein Leben gelingt, du deine Stärken entdeckst und voller Vertrauen deinen Weg gehst.

Möge der Geist Jesu dich alle Tage erfüllen, damit dein Leben gelingt, du sicher durchs Leben gehst und gute Freunde dich begleiten.

Möge der Geist Jesu dich alle Tage erfüllen, damit dein Leben gelingt, du voller Weisheit durchs Leben kommst und Herzlichkeit mit anderen teilst.

Möge Gott dich im Arm halten, wie gute Freunde dies tun, damit du anderen beistehen kannst.

Möge Gott dich auf deinem Weg stärken, damit du sicher gehst und auch andere stärken kannst.

Möge Gott dich in Frieden geleiten, damit du aufrecht bleibst und für Frieden eintreten kannst.

Möge Gott deinem Herzen Liebe schenken, damit du dich zurechtfindest und voller Liebe lebst.

Möge Gott dich immer in der Nähe des Himmels halten, damit du getrost lebst und nie das Lachen verlernst.

Möge Gott dir die Kraft schenken, Schweres zu überwinden, damit du glücklich werden kannst und herzlich bleibst.

Lasst uns zu Gott beten, der es von unserem ersten bis zu unserem letzten Atemzug gut mit uns meint und in dessen Händen unser Leben und die ganze Welt ein gutes Ziel findet:

Wir danken dir für unser Leben und unsere Gesundheit und denken an alle, denen es nicht so gut geht. Schenke uns ein waches Herz füreinander, damit wir einander beistehen und selbst auch Hilfe finden.

Herr, erhöre uns!

Gott, wir danken dir für die Familien unserer Konfirmanden und für alle, die sich als Eltern, Erziehern und Freunde um Jugendlichen kümmern. Schenke ihnen ein offenes Herz und Geduld und sichere ihr und alles Leben durch deinen guten Geist.

Herr, erhöre uns!

Gott, wir danken dir für alles, was wir geschenkt bekommen, und für alles, was wir uns erarbeiten können, und wir denken an alle, die weniger Glück haben. Schenke du uns Kraft, damit wir uns einsetzen für mehr Gerechtigkeit und verzichten und abgeben können.

Herr, erhöre uns!

Wir danken dir für den Frieden, in dem wir hier leben, und denken an alle, die unter Gewalt und Krieg leiden. Schenke du die Kraft, Streit und Gehässigkeit abzubauen und in Frieden Wege zu finden.

Herr, erhöre uns!

Wir schließen in unser Gebet die Menschen ein, die wir lieben, besonders jene, die uns fehlen und jene, die uns Kummer bereiten … Schenke du die Kraft, mit Enttäuschungen, mit Schmerzen und auch mit dem Tod leben zu können, ohne bitter zu werden.

In der Stille …

Vater unser

4.2 Beispiele für Konfirmationspredigten

4.2.1 Mit einem Abschleppseil (Lukas 10,25–37)

Ein Abschleppseil zeigen

Liebe Konfirmanden und liebe Gäste! Was das ist, kennt jeder, oder? … Ein Abschleppseil. Ein modernes sogar, mit festen Karabinerhaken. Und noch ganz neu. So mancher einer hat schon seine Erfahrungen mit einem solchen Notseil gemacht. Wer wurde denn schon einmal von Ihnen abgeschleppt … Sie dürfen ruhig die Hand heben … Und wer hat schon einmal einen anderen abgeschleppt? … Ich kann mit so einem Seil ein liegengebliebenes Auto zur Werkstatt bringen, damit es dort wieder flott gemacht wird. Ich kann einen Wagen aus dem Morast ziehen, bis er wieder festen Grund unter den Rädern hat. So ein Seil kann wichtig werden. – Bloß, was sucht es hier auf der Kanzel? Warum habe ich es zu eurer Konfirmation mitgebracht?

Das Abschleppseil von oben nach unten halten

Für mich ist dieses Abschleppseil ein schönes Bild für Jesus: Er verbindet den Himmel und die Erde. Er verknüpft uns mit Gott, hakt uns an der richtigen Stelle ein, schafft und stiftet Verbindung und Halt. Doch nicht nur zu Gott, nach oben, sondern auch quer, zu den anderen Menschen, unter uns …

Das Abschleppseil quer halten

Viele Geschichten erzählen davon: Zachäus, den Zöllner, mochte keiner leider. Jesus setzte sich mit ihm an den gleichen Tisch. Eine Frau, die die aufgewühlte Masse steinigen wollte, nahm er in seinen Schutz. Eine Verbitterte und Verkrümmte richtete er wieder auf Einem Mann, den die anderen längst als irre abgeschrieben hatten, gab er eine neue Chance. Einem Lahmen und Hilflosen schenkte er den Lebensmut zum Aufstehen. Wenn ihr euch erinnert, dann ist unser Neues Testament voll von solchen Mut machenden Geschichten, wo sich das Leben durch Gottes Kraft zum Guten wandelt.

Die Liebe und das Verständnis Jesu sind wie ein Abschleppseil. Alle, die den Himmel verloren haben, sollen ihn wiederfinden. Alle, die die den Boden unter ihren Füßen verloren haben, sollen Halt finden.

Seil von oben nach unten

Wenn wir resignieren und meinen, es geht nichts mehr, dann haben wir die Rechnung ohne Jesus gemacht. Er will uns halten und aus allem Schlamassel herausziehen, zu neuem Leben führen.

Das Abschleppseil ist aber auch ein Bild für uns, für uns Christen, für unsere Lebensaufgabe. Wir dürfen Abschleppseile Gottes werden. Dass wir solche Abschleppseile brauchen, seht ihr täglich, können wir ständig erleben:

Seil quer halten

In der Schule ist es vielleicht der Freund oder Freundin, die sich immer mehr in Lügen verstrickt, ihren Eltern nicht mehr in die Augen sehen kann und jemanden braucht, der ihr mal zuhört und ihr hilft, ihre Gedanken zu ordnen, und klar zu kommen … Auf der Arbeit oder in der Nachbarschaft ist es vielleicht ein komischer Kauz, mit dem niemand etwas zu tun haben will, der aber jemanden braucht, der für ihn Partei ergreift, mit ihm und für ihn redet, damit er nicht ins Abseits gerät.

Gott braucht uns mit der Stärke, die er uns als Christen zuteil werden lässt. Nur mit der Liebe, die Gott uns ins Herz gelegt hat, ist es möglich, andere ins Schlepptau zu nehmen.

„Was ist denn das wichtigste im Leben?", wurde Jesus von frommen Leuten gefragt. „Nun, was habt ihr gelernt und was steht in der Schrift?", fragte er sie zurück. Und sie antworteten: „Du sollst den Herrn, deinen Gott, lieben von ganzem Herzen, von ganzer Seele, von allen Kräften und von ganzem Gemüt, und deinen Nächsten wie dich selbst (5 Mose 6, 5)." – „So ist es", sagte Jesus, „tut das und ihr werdet leben." Und dann erzählte er ihnen eine Geschichte von einem barmherzigen Fremden, einem Samariter, der einem, der in Not geraten war, half, obwohl er ihn nicht kannte …

Lesen: Der barmherzige Samariter, Lukas 10,25–37

Liebe Konfirmanden! Dies also ist euer Tag – mit all den Vorbereitungen, die ihr getroffen habt und andere für euch, und mit all der Aufregung, die ihr noch in euch verspürt, mit all den Gästen, die gekommen sind, und mit all den Geschenken, die es wohl geben wird. Die Konfirmandenzeit ist damit zu Ende und ihr seid wieder einen Schritt weiter im Leben, auch im Leben als Christen, und was wir von

Jesu Gedanken verstanden haben, kann sich immer nur in unserem Leben, durch unser Tun und Handeln zeigen.

Bei euch, aber auch bei uns Älteren sind mir zwei Verhaltensweisen aufgefallen: Oft genug halten wir uns entweder selbst für klein und unbedeutend – oder aber gleich für die Größten, für die Kings, nach denen sich allen andern richten sollen. Beide Einstellungen sind falsch.

King allein ist Gott, sagt Jesus, Und die anderen, die Mitmenschen, die Nächsten, sind so liebenswert und so wichtig wie du auch. Wir leben alle davon, dass wir gehalten werden, dass Gott unsere Welt nicht verloren gibt, sondern ins Schlepptau seiner Liebe nimmt und in Händen hält, von Tag zu Tag. Und jeder von euch ist einmalig und hat seine Fähigkeiten und Stärken und ist wichtig für die Welt. Und da schlummern sicher in euch noch ungeahnte gute Möglichkeiten. Und vieles liegt noch vor euch: schöne Tage und schwere, noch manche Aufgaben werdet ihr bewältigen müssen. Das Leben ist voller Steine und Stationen, ein langer, aber schöner Weg. Und mit jeder Erfahrung werdet ihr weiter wachsen und weiter reifen wie der Wein.

Kleinen Karabinerhaken zeigen

Und ich hoffe zweierlei: dass ihr das Abschleppseil nicht vergesst und dass ihr euch oben einhakt und untereinander haltet. Deshalb dürft Ihr euch nach der Einsegnung so einen kleinen Karabinerhaken zur Erinnerung mitnehmen.

Dass ihr also bei allem in eurem Leben Jesus nicht vergesst und die anderen Mitmenschen nicht aus den Augen verliert, dass ihr die Kraft und Hilfe findet, damit ihr euch entfalten könnt, und dass ihr anderen zu zuverlässigen Begleitern werdet. Denn keiner lebt allein oder ist eine Insel. Jeder braucht die anderen so nötig wie das tägliche Brot.

Der Friede Gottes, welcher höher ist als alle unsere Vernunft, erfülle Eure Herzen und Sinne mit Geduld und Trost, mit Liebe und mit seinem Frieden. Amen.

4.2.2 Mit einem Fahrrad (Johannes 6,68)

Liebe Konfirmandinnen und Konfirmanden, eure Konfirmandenzeit ist vorbei, die Aufgaben sind abgehakt, die Arbeitsblätter abgeheftet und der Vorstellungsgottesdienst war gelungen. Also werdet ihr konfirmiert, als vollwertige und hoffentlich auch verantwortungsbewusste Gemeindemitglieder aufgenommen. Das ist schön und gut.

Aber lasst euch nicht täuschen: Es ist mit der Religion, mit unserem Christsein anders als in der Fahrschule. Da arbeite ich Bogen für Bogen durch, nehme an der Theorie teil, übe mich im Fahren, muss ganz schön dafür bezahlen, und wenn ich gut genug bin, versuche ich die Prüfung zu machen. Und wenn ich die Prüfung dann geschafft habe, kann ich mehr oder minder mein Leben lang fahren.

Wir werden Christen weder durch die Taufe noch den Unterricht oder die Konfirmation. Wir werden Christen allein durch unser Leben. Da zeigt es sich, ob wir immer wieder nach Gott fragen und uns zu seiner Gemeinde halten. Und dazu gehört als gute Grundlage und nicht als Staubfang im Regal die Bibel als Buch oder CD-Rom mit ihren Geschichten von Gott, die wir lesen und bedenken können, stets neu entdecken dürfen. Und dazu gehört die Kirche, die den Gottesdienst anbietet, der meistens besser ist als sein Ruf.

Christ sein kann man nicht allein, dazu braucht es die anderen. Christ sein, das ist ein Weg und Bewegung, bedeutet: fragen und antworten, suchen und finden, Fehler machen und neu anfangen, helfen und sich helfen lassen. Unser Glaube ist niemals fertig, er verändert sich mit dem, was wir erleben. Wenn es gut geht, wächst und reift er, und wir mit ihm.

Mit Petrus immer wieder fragen

So war es auch bei Petrus, dem Freund Jesu. Anfangs in seiner Gruppe um Jesus war er ein Sprücheklopfer, und als Jesus verhaftet wurde, ein Angsthase. Und dann wurde aus dem Angsthasen ein mutiger Bekenner und aus dem Bekenner sogar ein Märtyrer. Von ihm wird ein sehr schöner Ausspruch überliefert. Als die Leute sich über Jesus aufregten, seine Worte nicht verstanden, und enttäuscht weggingen, da fragte Jesus seine Freunde: „Na, wollt ihr auch gehen?" Und Petrus antwortet: „Herr, wohin sollen wir gehen? Du hast Worte des ewigen Lebens; und wir haben geglaubt und erkannt: Du bist der Heilige Gottes" (Joh. 6, 68).

Wir können in alle Himmelsrichtungen aufbrechen, auf allen Kanälen versuchen, unser Glück zu machen. Aber ich glaube, es gibt nur einen Ort, an dem wir wirklich Heimat und Heil finden: bei dem Mann, der aus Liebe bis ans Kreuz ging, bei dem Gott, der uns und der Erde die Treue hält, selbst wenn wir ihn vergessen, und die Spuren, die er in unser Leben zeichnet, nicht erkennen.

Eine unsere Konfirmandinnen, die offensichtlich schon einige Konfirmationen hier erlebt hat, hat mich gefragt, ob ich wieder etwas Besonders auf der Kanzel mache. Das Besondere sind immer die Konfirmanden und alle, die sie bis hierher begleitet haben. Und der Besondere ist immer Gott, der durch seine Worte zu uns spricht und vielleicht auch durch die Ideen, die er einem Pfarrer so eingibt. Jener Gott, der es gut mit uns meint und mit dem wir immer gut fahren. Ich will mich bewegen lassen und wollen wir sehen und hören.

Aktion: mit einem Fahrrad hereinfahren

Liebe Gemeinde! Ein Fahrrad lässt sich immer gut gebrauchen, um morgens in die Schule zu fahren und nachmittags zu Freunden, und erst recht in den Ferien, im Urlaub, um voranzukommen und dabei trotzdem etwas zu sehen. Und so soll es 71 Millionen Fahrräder in Deutschland geben, fast für jeden Bürger, jede Bürgerin, eines. Das wichtigste am Fahrrad sind die Räder. Und so ein Rad kann uns zum Nachdenken bringen über uns und unser Leben.

Standfest werden

Wichtig am Rad ist die Felge. Sie darf nicht aus Pappe oder Holz sein, denn sonst zerbricht sie sofort auf holprigen Wegen oder bei Schlaglöchern. Wir brauchen auch Festigkeit, um auf den Straßen der Welt zum Ziel zu kommen, um nicht auf einem Scherbenhaufen zu landen.

Wenn wir alles mitmachen, was andere von uns erwarten, ohne groß nachzudenken und in uns hinein zu horchen, dann hetzten wir durch die Zeit und zerbrechen. Zerbrechen, weil wir nicht alle Erwartungen erfüllen können, weil manches einfach überhaupt nicht zu uns passt, weil manches uns mehr schadet als nützt. An den richtigen Stellen sollen wir Ja sagen und mitmachen, unsere Fähigkeiten einbringen und uns einsetzen für andere. Und an der richtigen Stellen auch „Halt" rufen und: „Nein, da mach ich nicht mit, das kann doch nicht euer Ernst sein."

Beim Rad müssen die Speichen den Druck aushalten. Wenn einige fehlen oder zu locker geworden sind, fängt das Rad an zu eiern und geht dann zu Bruch. Das ist bei uns nicht anders. Wir brauchen Stützen, die helfen. Der Alltag ist doch hart. Und deshalb brauchen wir Stützen, die den Druck abfangen, den wir erleben, die unsere Lasten mittragen. Solche Stützen sind lebenswichtig. Es können die Eltern und Paten sein, vielleicht auch die Lehrer sein oder der Pfarrer, vor allem aber auch gute Freunde. Ohne die Hilfe von anderen kommen wir nicht durch, sondern gehen wir nur am Stock, bis wir platt sind. Wir sind füreinander lebenswichtig, sollen uns stützen und beistehen. Das ist unsere Aufgabe als Mitmenschen, als Geschöpfe des einen Gottes und der vielen Mütter und Väter der Welt.

Die Mitte finden

Das Rad braucht in der Mitte eine feste Achse, um die es sich dreht, sonst torkelt es richtungslos umher. Die Achse unseres Lebensrades muss stabil sein. Was aber ist unser Zentrum, um das sich unser Leben dreht? Erfolg und die Leistung? Ist es all das, was wir können und erreichen? Ist es das Geld? Oder sind es unsere Träume? Wir haben viele Möglichkeiten. Als Christen gehört in die Mitte die Frage nach Gott. Ist Christus die Mitte, sein Leben unsere Ausrichtung?

Religion ist eben eigentlich kein Schulfach, sondern eine Lebenshaltung, eine lebenslange Einstellung zum Leben. Die mag sich im Laufe der Zeit wandeln, einmal näher, einmal ferner liegen, aber sie sollte uns nie verloren gehen. Mitten hinein in die alltäglichen und erst recht in die besonderen Situationen gehört die Frage: Was würde Jesus dazu sagen? Und wo gehöre ich hin?

Auf guten Rädern kann ich Lasten transportieren, ja sogar Menschen mitnehmen. Wenn ich dafür sorge, dass mein Lebensrad in Ordnung ist, komme ich schnell voran und kann für andere eine Hilfe sein. Am schönsten aber ist es, wenn wir mit mehreren gemeinsam fahren. Sucht euch Freunde, die auch ihre Räder „In Ordnung" haben, dann wir die Fahrt eures Lebens viel Freude bringen und ihr bei Sturm und Gewitter und allem Unglück nicht allein sein.

Und der, zu dem Petrus einst gesagt hat: „Herr, wohin sollen wir gehen? Du hast Worte des ewigen Lebens; und wir haben geglaubt und erkannt: Du bist der Heilige Gottes", der wird euch auf eurem Lebensweg begleiten.

Und der Friede Gottes, welcher höher ist als unsere Vorstellungen, erfülle unsere Herzen uns Sinne und führe uns auf gute Wege.

4.2.3 Mit einer Trillerpfeife (Jeremia 29,13)

Liebe Konfirmandinnen und Konfirmanden! Viele Wege führen nach Rom, sagt das Sprichwort. Und am Ende der Konfirmandenzeit steht die Einsegnung. Deshalb sitzt ihr nun etwas aufgeregt im Rampenlicht da. Und ich denke, nicht nur wegen der Geschenke oder des Geldes, sondern weil ihr genau spürt, dass es mehr gibt im Leben, dass es viel, viel Wichtigeres gibt.

Vierzehn Jahre liegen hinter euch und hoffentlich noch viele Jahrzehnte vor euch. Nicht alle Wege werden schön sein oder leicht, manche werden schmerzhaft und unbequem sein. Aber auf allen Wegen wird Gott in der Nähe sein. So wie er die Hebräer auf ihrem Weg begleitet hat, so wird er euch begleiten.

Er spricht: Wenn ihr mich von ganzem Herzen suchen werdet,
so will ich mich von euch finden lassen. Jeremia 29,13

Mit der Konfirmation seid ihr wieder ein Stück weiter. Mag sein, dass ihr ein wenig Lampenfieber habt, wie das alles so werden wird: Schule, Ausbildung und Beruf, die Sache mit der Liebe, ob ihr euren Weg finden und machen werdet, ob ihr zurecht kommt im Leben, Freunde findet und für andere nützlich seid, also ein sinnvolles Leben führen werdet. All die Probleme mit den Pflichten und der Verantwortung werdet ihr schon meistern. Gott hat euch gut ausgestattet. Alle guten Fähigkeiten sind längst in euch. Auch wenn das vielleicht nicht jeder gleich spürt. Viel Gutes steckt in euch. Keine Sorge! Und Gott meint es gut mit euch!

Wer mit euch geht

Er spricht: Wenn ihr mich von ganzem Herzen suchen werdet,
so will ich mich von euch finden lassen (Jeremia 29,13).

Die Hebräer waren gefangen und kamen frei. Sie wurden verfolgt und wurden gerettet. Sie hatten Hunger und Durst und fanden alles was sie zum Leben brauchten. Sie fühlten sich allein gelassen und bekamen Hilfe. Gott sprach mit Mose – und Mose führte sie an. Sie wussten den Weg nicht und Gott zeigte ihnen die Richtung. Am Tag zog er wie ein Sandsturm vor ihnen her und in der Nacht wie eine Feuersäule. Sie verzweifelten und vergaßen Gott, sie wurden abtrünnig und gingen fremd. Und doch ließ Gott sie nie allein. Er brachte sie in das Land ihrer Sehnsucht: nach Israel, wo sie Heimat und ihr Auskommen fanden.

Seit Tausenden von Jahren erzählen Juden diese Geschichte und wir Christen folgen ihnen, weil diese Geschichte ein herrliches Gleichnis ist für uns. Auch in unserem Leben spielt Gott eine Rolle, oft mehr als wir glauben. Er begleitet unsere Wege. Er lässt sich sehen und hören und finden. Nicht immer. Aber oft genug erkennen wir es im Nachhinein, wie er uns bewahrt und beschützt hat. Gott treibt kein Versteckspiel. Er lässt sich finden. Jesus steht für ihn ein. Jesus zeigt ihn uns ganz deutlich.

Für den zweiten Teil meiner Predigt habe ich eine Bitte an euch, an Sie alle: Schließen Sie bitte einmal die Augen. Machen Sie Ihre Augen zu, weil dann die Ohren hellhörig werden. Und mit geschlossenen Augen achten Sie nun auf die Geräusche und das, was kommt. Noch lange kein Schlusspfiff …

Ein Pfiff mit der Trillerpfeife

Woran erinnert Sie der Pfiff? … An das Fußballspielen, natürlich. Was für Pfiffe gibt es da? … Da gibt es den Anpfiff, wenn es losgeht. Und die Pfiffe des Schiedsrichters; sie unterbrechen das Spiel, weil er die Spieler zur Ordnung ruft, damit die Spielregeln eingehalten werden. Dann gibt es eine Entscheidung von ihm, ein Abseits oder einen Elfmeter. Und es gibt den Schlusspfiff, nachdem geht nichts mehr, auch, wenn ein Schiedsrichter unserer Ansicht nach ungerecht gepfiffen hat. Nach dem Schlusspfiff geht nichts mehr. Und es gibt auch noch andere Pfiffe, die Pfiffe der Zuschauer, die pfeifen um die Mannschaft anzuspornen oder um ihr Missfallen auszudrücken.

Was hat das nun mit unserem Glauben zu tun? Mir geht es heute um den Pfiff, der noch eine Änderung zulässt. Und darum, dass wir zum Glauben immer die anderen brauchen, ebenso wie zum Lieben, zum Hoffen und zum Leben überhaupt. Wenn ich mich so umschaue, könnte ich mir vorstellen, dass schon der eine oder daran gedacht hat, der Kirche den Schlusspfiff zu verpassen, d. h. aus ihr auszutreten, und es vielleicht auch getan hat.

Mag sein, dass der Kirche manchmal der Pfiff fehlt. Auf viele aktuelle Sachen reagieren wir vielleicht zu langsam, weil wir schon 2.000 Jahre auf dem Buckel haben und in längeren Zeiträumen denken. Auf der anderen Seite sind unsere Gottesdienste viel besser als ihr Ruf, man muss es eben nur ausprobieren.

Und eine Gemeinde kann nur so gut sein, so viel Pfiff haben, wie der Geist Gottes in ihr weht und wirkt und wie die Leute, die in ihr mitmachen. Jeder hat seine

Stärken und Schwächen. Vorurteile und Kritik allein ändern nichts – interessant wird es erst dann, wenn jeder sein Interesse einbringt und mitmacht. Dann erst entsteht Veränderung und Leben im gemeinsamen Tun. Und dazu laden wir ein. Und wir freuen uns, wenn ehemalige Konfirmanden ankommen und sagen: Ja, ich mache mit.

Nicht damit die Kirche mehr Pfiff bekommt. Nein, denn die Kirche ist kein Selbstzweck. Sondern damit wir erkennen, wer den Anpfiff macht, Gott, und wie wir auf dem Spielfeld des Lebens gut durchkommen und das eine oder andere Tor gelingt, bevor der Tod uns abpfeift und nichts mehr hier auf Erden geht. Damit wir Kraft schöpfen und unsere Lasten und Aufgaben verteilen um nicht vor die Hunde zu gehen. Damit wir nicht allein sind, sondern eine Mannschaft finden, ein gutes Miteinander, Gemeinschaft und Freunde. Damit wir Spielregeln finden und gute Gedanken, die uns halten und weiterbringen. Darum gibt es die Kirchengemeinden …

Ein Warnpfiff

Die Trillerpfeife erinnert mich noch an etwas anderes, etwas Unangenehmes, daran dass ich oft genug aus dem letzten Loch pfeife und nicht alles auf die Reihe bekomme. Ich brauche jemanden, der mich gelegentlich zurechtrückt, mir den Weg zeigt, mir aus meinem Schlamassel heraushilft und mich wieder auf die Beine bringt. Ich schaffe nicht alles allein. Ich brauche die anderen und sie brauchen mich.

Und da bietet sich Jesus an. Wenn keiner uns versteht, will er uns verstehen und weiterbringen. Ihm ist nichts unheimlich, weil er uns unheimlich liebt. Und ihm ist nichts fremd, weil er selbst so vieles mitgemacht hat. Seine Worte können uns Mut machen, damit wir entdecken, wie gut es Gott mit uns meint, und was alles in uns steckt, was wir alles können: singen und klagen, reden und schweigen, schreiben und lesen, lachen und weinen, lieben und hassen, streiten und versöhnen … Und immer wieder finden sich Menschen, die an seiner Stelle uns weiterhelfen. Menschen, die wie Moses für uns eintreten, für uns kämpfen und beten, die mit uns gehen und uns herausholen.

Interessanterweise hat Jesus sich als Freunde nicht die Eliten, die Bosse und Anführer ausgesucht, um das Reich Gottes unter den Menschen aufzubauen. Es waren eher die durchschnittlichen, einfachen Leute, die es ihm angetan hatten, weil deren Herz offen und ihre Augen klar waren. Sie hat er angesprochen und einbezogen, sie wurden zu seinen Mitarbeitern. Und das können wir auch. Gott stattet uns mit vielen guten Fähigkeiten ein, die wir gut für andere einsetzen können. Wir sind ihm nicht piepegal und uns sollten die anderen auch nicht egal sein. Er steht zu uns auch dann, wenn wir die Beziehung abgebrochen haben. Das zeigen die Geschichten um Mose ganz deutlich und auch die Geschichten von Jesus. „Er spricht: Wenn ihr mich von ganzem Herzen suchen werdet, so will ich mich von euch finden lassen" (Jeremia 29,13).

Ein Leben mit Pfiff

Noch ein Pfiff

Ich wünsche euch, Konfirmandinnen und Konfirmanden, und Ihnen allen, ein Leben mit Pfiff, dass ihr Gottes Anpfiff hört und er eure Rufe hört. Zu Erinnerung erhaltet ihr Konfirmanden nachher von mir alle so eine Trillerpfeife.

Und der Friede Gottes …

4.2.4 Wie im Sport (Hebräer 12,1–2)

Lasst uns mit Ausdauer in dem Wettkampf laufen, der uns aufgetragen ist,
und dabei auf Jesus blicken, den Urheber und Vollender des Glaubens.

Liebe Konfirmanden! Heute ist euer Tag! Einer von vielen, von hoffentlich noch ganz, ganz vielen, die unser Gott euch schenken möge, damit ihr wachst und reift, lebt und liebt, gute Erfahrungen macht und die schlechten überwindet.

Nicht nur einmal: bei Gott immer Hauperson

Etwas aufgeregt seid ihr so wie vor dem Auftritt beim Ballett oder vor einem entscheidenden Fußballspiel. Das ist so an einem Festtag. Schließlich steht ihr heute selbst im Mittelpunkt, seid die Hauptpersonen. Wir freuen uns, dass ihr da seid, dass so viele Fähigkeiten in euch stecken, so viel Fragen und so viel Herz. Und wir hoffen, dass ihr mit Gottes Segen euren Weg machen werdet. Es mag sein, dass ihr euch manchmal selbst nicht wohlfühlt in eurer Haut oder dass andere euch schief ansehen oder sogar behindern. Eines ist sicher: bei Gott seid ihr immer die Hauptperson. Ihr seid ihm wichtig und er liebt euch – noch viel mehr und viel verlässlicher als Eltern und Freude das zu tun vermögen. Das ist ein Teil unseres Glaubens, zu dem ihr heute Ja sagt.

Sich auf einen spannenden Weg machen

Aufregend ist nicht nur die Konfirmation, das Ja-Sagen zu Gott und zum Glauben. Spannend ist eigentlich das ganze Leben. Es steckt, weil Gott es so will, voller Überraschungen, voller Gaben, die ihr entdecken und euch aneignen sollt, und voller Aufgaben, die ihr bewältigen könnt. Manche meinen, im Leben wäre es wie auf einer Leiter, zuerst ginge alles bergauf, nach oben, Schritt für Schritt, Kindheit, Jugend, Beruf, Arbeit, Familie usw. bis zu irgendeinem Höhepunkt, und dann ginge es wieder abwärts, Krankheit, Alter, Tod. Aber das stimmt nicht. Unser ganzes Leben gleicht viel mehr einer Reise – von der Wiege bis zur Bahre und noch ein gutes Stück darüber hinaus. Einer Reise mit vielen Stationen. Und jedes Alter und jede Lebensstation hat ihren Reiz und ihre Aufgabe.

Beim Start helfen uns unsere Eltern und Gott spricht in der Taufe: „Fürchte dich nicht, denn ich habe dich erlöst, du bist mein" (Jesaja 43,1). Er sagt nicht: Du wirst Abitur machen und eine tolle Stelle finden. Er sagt auch nicht: Du wirst immer Glück haben und ohne Enttäuschungen leben. Sondern er sagt: Ich liebe dich, du gehörst zu mir, was auch passiert, ich begleite dich. Du kannst leben. Und als seine Kinder machen wir uns alle auf den Weg und entdecken, was alles das Leben so alles zu bieten hat: Schule und Freizeit, Lernen und Lachen, Freundschaften und Trennungen, Träume und Enttäuschungen, Lust und Liebe, Freude und Schmerz, Fülle und Leere, Sehnsucht und Trost … Ihr macht euch also auf einem spannenden Weg und unsere guten Gedanken und Gebete begleiten euch. Und mit jedem Schritt, mit jeder Erfahrung, und mit jedem Lebensalter mag sich euer Glaube verändern. Gott aber bleibt euch immer zugetan.

Auf Höhen und in den Tiefen leben

Wechselhaft sind all die Stationen des Lebens. Da gibt es Strecken, da kribbelt es im Bauch, da fühlen wir uns wie im siebten Himmel und vergessen Gott und den Rest der Welt. Und es gibt Strecken, die sind zum Fürchten, und Tage, die sind zum Grauen. Oft genug erscheint uns unser Leben wie ein Kampf und die ganze Welt als ungerecht. Fressen und gefressen werden. Teuflisch ist dieser Kreislauf. Das Bild aber stimmt nicht. Denn das Leben ist viel mehr, viel reicher, viel schöner, viel zielvoller, als es uns auf den ersten Blick erscheint. Und ich kann das auch belegen: Als meine Schwester und ich die ersten Pickel der Pubertät im Spiegel entdecken, glaubten wir, entstellt und ohne Freunde sterben zu müssen. Wir leben heute noch auch mit unseren Pickeln und haben trotzdem Freunde und Familie. Ein trüber Tag ist noch nicht das ganze Jahr. Und ein schlimmes Jahr ist noch nicht das Leben. Keine Angst, liebe Konfirmanden und liebe Gemeinde, das letzte Wort ist noch nicht gesprochen.

Statt schwarzsehen auf Jesus sehen

Wenn wir uns von den Sorgen und den Schwierigkeiten gefangen nehmen lassen, wird unser Leben freudlos. Wir sehen nichts mehr außer uns selbst, unserem Unglück oder wir sehen nur noch Leid in der ganzen Welt und nichts anders mehr. Uns fehlt der Horizont. Zur Orientierung rät uns der Hebräerbrief: „Lasst uns mit Ausdauer in dem Wettkampf laufen, der uns aufgetragen ist, und dabei auf Jesus blicken, den Urheber und Vollender des Glaubens" (Hebr 12,1–2). Deshalb hängen und stehen nicht nur in Kirchen Kreuze, und deshalb hängen euch unsere Kirchenvorsteher nachher ein vergoldetes Kreuz um. Weil auf allen unseren Wegen, der Mann am Kreuz uns nahe ist, ein Vorbild und ein Wegweiser.

Statt schwarzzusehen und statt nur uns selbst zu sehen, sollen wir auf Jesus sehen, mit dem sichtbaren gewordenen Gott rechnen. Und von ihm gibt es viele Geschichten, eine der schönsten habt ihr bei der Vorstellung gespielt: von den beiden Söhnen. Jeder lebt sein Leben auf seine Weise und es könnten natürlich auch Töchter sein. Der eine zieht in die Welt und macht so seine Erfahrungen vom High Life bis zum totalen Absturz. Er findet aber den Weg zurück. Der andere arbeitet fleißig zu Hause, ständig ist er beim Vater, und hat alles, was er zum Leben braucht. Aber als sein Bruder zurückkommt, kann er sich nicht freuen. Der Vater bitte auch ihn zum Fest.

Gott hört nie auf zu lieben

Gott hört nie auf, uns zu lieben. Er will uns in seiner Nähe, aber er lässt uns auch viel Raum. Er hindert dich nicht zu tun, was du tun musst. Er weiß, dass zum Leben das Schuldigwerden gehört. Aber er führt dich aus verfahrenen Situationen auch wieder heraus. Er hat ein Herz für dich. Er freut sich über jeden, der sich an ihn erinnert und zurückkehrt. Alle Geschichten um Jesu zeigen: Es gibt nichts Größeres als die Liebe, die Gott zu uns hat, mit der er uns ansteckt und die wir füreinander empfinden können.

Mit dem Blick auf Jesus finden wir die richtige Spur, das sagen wir als Christen. Dazu müssen wir allerdings immer wieder einmal die Nase in die Bibel stecken, in die Kirche gehen und uns mit anderen und den Positionen unseres Glaubens auseinandersetzen. Wenn ich das nicht tue, verliert sich die Vertrautheit mit dem Glauben.

Uns als Christen bewähren

Als Eltern erleben wir immer wieder, wie unterschiedlich Söhne und Töchter sein können. Sie suchen ihren Platz in der Welt und sollen ihn finden. Und im Weltgeschehen sehen wir es auch mit Schrecken, wie unterschiedlich Kinder sein können, wenn Palästinenser und Juden, die Söhne Abrahams, sich bis aufs Messer hassen und einander Land und Leben verweigern. Tod bringen sie sich anstatt Gerechtigkeit. Frieden hätten sie beide nötig, damit es Enkel gibt und nicht nur Gräber. Um Gottes guten Geist, um Vermittlung, um Verständigung, um Toleranz, um gute Ideen, um Medizin gegen den Hass, um Versöhnung und für einen Neuanfang sollten wir für die Menschen dort im Land Jesu beten und für alle, die sich so festgefahren haben.

Damit sind wir bei etwas, was uns als Christen ausmacht – ganz gleich, wo wir gerade auf unserem Lebensweg stecken. Wir sind nicht allein auf der Welt. Überall gibt es andere, die sich mit uns freuen und feiern können, aber die uns helfen und beistehen können. Die Christen dieser Erde sind wie eine große Familie, sollten und können auch geschwisterlich leben. Und wir sehen mit den Augen Jesu in die Welt. Und da gibt es viel zu tun. Die anderen brauchen uns, unsere guten Gedanken, unsere Gebete, ebenso wie unsere Hilfe und unseren Beistand. Freude und Leid miteinander zu teilen ist unsere Aufgabe.

In dem Auf und Ab unseres Lebensweges und unseres Lebensreise dürfen wir unser Christsein zeigen: durch unserer Wirken und Auftreten, unsere Geduld und Ausdauer, durch Vertrauen und Zuversicht. Wir haben unseren Platz in der Welt, Richtung und Ziel. Der unsichtbare Gott wird sichtbar durch uns, seine Liebe spürbar; und sie lässt sich teilen. Weil er uns mit vielem ausstattet und segnet, dürfen wir für andere zum Segen werden. Und am Ende unsere Lebensreise stürzen wir nicht einen Abgrund, sondern empfängt uns er uns mit offenen Armen. Er, der versprochen hat, am Ende aller Tage ein Reich zu schaffen, in dem vollkommene Gerechtigkeit und vollkommene Freude sein wird, nimmt uns dann bei sich auf. Bis dahin aber schenkt er uns viel Zeit zum Lieben, zum Glauben und zum Hoffen.

Aufregend und schön ist das Leben

Das folgende Einstiegsbeispiel ist ein situatives, persönliches von mir. Vielleicht fällt Ihnen ein anderes ein. Oder Sie erzählen es als Geschichte eines Kollegen …

Vor Ostern war ich, liebe Konfirmanden und liebe Festgemeinde, bei der Einweihung von Deutschlands höchster und größter Achterbahn im Europapark in Rust. Langsam geht der Silverstar hoch, 73 Meter, und dann 73 Meter steil herunter mit der Geschwindigkeit eines Formel1-Wagens. Zuerst dachte ich: „O Gott, nein, da fahre ich nicht mit." Ehre hin oder her. Aber es war eine einmalige Chance. Und ein wenig neugierig war ich auch. Also beim ersten Mal (zum Glück klappten die Fernsehaufnahmen nicht) war mir arg mulmig, „Herr, erbarme dich", beim zweiten Mal konnte ich schon aufatmen, und beim dritten Mal laut „Halleluja" rufen. „Gott, das Leben ist schön!"

Bei unserer Lebensreise kommt nicht so sehr darauf an, wie hoch oder wie weit wir kommen, sondern wie tief und aufrichtig wir unser Leben leben. Es ist nicht wichtig, welchen Personen und Orten wir begegnen, sondern wie wir ihnen begegnen: Der Mensch, der mir gerade begegnet, ist der Wichtigste; denn in ihm begegnet mir Jesus und ein Abbild Gottes. Den Weg, den ich jetzt vorhabe, ist immer der wichtigste, denn der wichtigste Tag ist immer heute. Und die wichtigste Tat auf allen Wegen ist immer die: in jedem Augenblick das Gute zu tun. Dem anderen in die Augen zu sehen, offen und ehrlich, und zu sehen, womit wir helfen und heilen können, einander unter die Arme zu greifen und Wege zu zeigen …

Ich wünsche euch gute Begleiter auf eurem Lebensweg, denn dann fällt euch die Wanderung – von der Wiege bis zur Bahre und noch ein ganzes Stück darüber hinaus – um so leichter. Vertraut den neuen Wegen, auf die der Herr euch weist.

Und der Friede Gottes bewahre uns alle, er schenke uns den Blick auf Jesus und wie wir nach dem Willen Gottes Leben können, und er stärke und bei jedem unserer Schritte. Amen.

4.2.5 Mit einem großen Balken – (Lukas 8,22–25)

Gegensätze an einem großen Waagebalken: Ich wippe auf einem großen Balken immer hin und her. Und je nachdem, wo ich stehe, führe ich einen Standpunkt in freier Rede aus:

Ich bin der König der Welt.	Ich bin ein armes Schwein.
Ich habe keine Pickel.	Schon wieder ein Pickel;
Ich sehe einfach gut aus.	Ich sehe doch grässlich aus!
Mir gelingt immer alles.	Mir gelingt doch nichts.
Ich kann mir selbst helfen.	Ich brauche oft Hilfe.
Ich brauche keinen Gott.	Und wo ist Gott, hey?

Zwei Gedanken: Vertrauen und Zutrauen

Ihr lieben Konfis! Liebe Gemeinde! In der Geschichte von der Sturmstillung kann ich die Jünger verstehen: Sie haben Himmelangst – so wie wir manchmal Himmelangst haben als Schülern vor Noten und Zeugnissen oder vor Gruppen in der Schule, als Erwachsene vor manchen Chefs oder vor Arbeitslosigkeit, als Eltern vor der Zukunft unserer Kinder, überhaupt vor Krankheit und Tod. Himmelangst ist uns manchmal. Auch mir.

Jesus stillt den Sturm. So wie es manchmal im Leben doch nicht so schlimm kommt, wie wir es vorher befürchten. Und das ist gut so. Aber er guckt seine Freunde auch verwundert an …

Jesus schläft im Sturm. So, wie wir manchmal Gott als stumm, schweigend und weit weg empfinden. Er schläft seelenruhig. Und warum? Er hat gute Gründe. Erstens traut er Gott zu, dass die Welt im Sturm nicht untergeht. Zweitens traut er den Jüngern zu, dass sie ihr Handwerk verstehen: Sie sind doch Fischer, sie können mit Wind und Wellen, mit Booten und Segeln umgehen. Und gerade das macht die alte Geschichte für uns interessant, wenn uns himmelangst ums Herz ist, wenn wir uns zu Tode erschrecken und fürchten, wenn wir kopflos und ratlos werden.

Dann ist es, als würde Jesus uns auf die Schulter klopfen und sagen: Mensch, ich versteh dich doch, aber erstens lässt Gott die Welt im Sturm nicht untergehen. Und zweitens: Was hast du denn gelernt? Du kannst doch was? Du hast Fähigkeiten, setz sie ein. Du hast Kräfte, nutze sie. Und wenn alle Stricke reißen, bin ich auch noch da.

Ihr Konfirmandinnen und Konfirmanden, schön ist das Leben und mühsam. So manche Erfahrungen warten auf euch – Schönes und Schweres. Bisher haben euch viele begleitet und auch in Zukunft werden Menschen um euch sein. Gerade weil das Leben so spannend und vielfältig ist, brauchen wir den Segen Gottes und sprechen wir ihn euch zu. Gottes guter Geist beflügle dich!

Die Konfirmandenzeit und die Konfirmation sind wie ein Kredit, ein Vorrat an Mut und Hoffnung, zum Entfalten: Jetzt lebe auf, freue dich, teile mit anderen und mache deine Sache gut. Von Gott gewollt steckt viel Gutes in dir, von Gott geliebt sollst du deine Wege gehen. Das Osterlicht leuchtet überall.

Schluss

Keiner von uns ist der König der Welt. Das ist Gott allein. Keiner von uns ist ein armes Schwein. Dafür ist Jesus ans Kreuz gegangen. Wir sitzen alle in einem Boot und unser Leben ist vielfältig und bunt, schön und schwierig, widersprüchlich und voller Glück, mit Höhen und Tiefen und Durststrecken, bedroht und doch gesegnet, gefährlich und doch geborgen.

Die Aufgabe, vor die wir alle gestellt sind, ist, dass wir allein und zusammen unsere Mitte finden bei Gott und uns von Jesu Geist anregen lassen, dass wir nicht einseitig werden, sondern die Waage halten, dass wir in unseren Ängsten nicht ertrinken, sondern unsere Kräfte entdecken, dass wir mit unseren Vorstellungen im Kopf nicht blind werden und ganz egoistisch Gott und die anderen vergessen. In den vielen Seiten unseres Lebens, in allen Stürmen findet sich Jesu Hilfe und Beistand. Amen.